岗课赛证

国家新闻出版署出版融合发展（北师大出版社）重点实验室
重点课题“教育出版融合发展的理论与实践研究”优秀成果
教育类专业“岗课赛证融通”配套教材

新形态教材
入眼·入脑·入手
易教·乐学

学前教育政策与法规

活页式教材

XUEQIAN JIAOYU ZHENGCE YU FAGUI

主　编：郝盼盼　雷思明
副主编：万慧颖　杜　宇　段　锐

北京师范大学出版集团
BEIJING NORMAL UNIVERSITY PUBLISHING GROUP
北京师范大学出版社

图书在版编目(CIP)数据

学前教育政策与法规/郝盼盼，雷思明主编．—北京：北京师范大学出版社，2022.12(2024.8 重印)
ISBN 978-7-303-28049-0

Ⅰ.①学… Ⅱ.①郝… ②雷… Ⅲ.①学前教育—教育政策—中国②学前教育—教育法—中国 Ⅳ.①G619.20 ②D922.16

中国版本图书馆 CIP 数据核字(2022)第 142844 号

教材意见反馈 gaozhifk@bnupg.com 010-58805079
营销中心电话 010-58802755 58800035
编辑部电话 010-58802883

出版发行：北京师范大学出版社 www.bnupg.com
北京市西城区新街口外大街 12-3 号
邮政编码：100088
印　刷：唐山玺诚印务有限公司
经　销：全国新华书店
开　本：889 mm×1194 mm 1/16
印　张：10
字　数：264 千字
版　次：2022 年 12 月第 1 版
印　次：2024 年 8 月第 2 次印刷
定　价：28.80 元

策划编辑：姚贵平　责任编辑：周　鹏
美术编辑：焦　丽　装帧设计：焦　丽
责任校对：陈　民　责任印制：赵　龙

前　言
FOREWORD

学前教育是学校教育制度的起始阶段，是国民教育体系的重要组成部分，是重要的社会公益事业。学前教育事业的发展，离不开一支高素质的教师队伍。而一名高素质的幼儿教师，应当具备良好的法律素养，熟悉、了解学前教育领域基本的法规和政策，能够运用法治思维、法律手段解决教育工作中遇到的相关涉法难题，做到依法治教、依法执教，维护师生和学校的合法权益。

本书坚持以习近平新时代中国特色社会主义思想为指导，全面落实立德树人根本任务，全面介绍与学前教育相关的政策、法律与法规。在内容编排上，本书分为七个专题、二十个学习主题。专题一“认识学前教育政策与法规”，主要是让学生认识、掌握“法”“法治”“教育法”“教育法律体系”“依法治教”等基本概念的内涵、特征及其外延，并了解我国学前教育政策与法规制定和发展的大致历程、现状，从而为后面章节的学习奠定基础。专题二“学前教育中的儿童权利与保护”，从学前教育活动最重要的参与主体——儿童入手，阐述儿童的生存权、发展权、受保护权、参与权四大基本权利，以及儿童权利的家庭保护、学校保护、社会保护、网络保护、政府保护、司法保护六大方面保护措施，让学生形成正确的儿童权利观、儿童保护观。专题三“学前教育机构的法律地位”，主要介绍学前教育机构的设立条件、程序以及学前教育机构的权利、义务等。专题四“学前教育机构的工作人员”，主要介绍教师资格制度、教师聘用制度、教师职业道德与违纪处理制度等教师相关制度，以及幼儿教师、保育员、卫生保健人员等学前教育机构工作人员的资质、权利、义务和职责。专题五“学前教育机构的保育和教育职责”，主要阐述学前教育的性质、地位、根本任务和主要目标，以及保育工作和教育工作的基本要求。专题六“学前教育机构的安全管理工作”，主要阐述校园安全工作的体系构建以及校园安全事故的处理制度，并着重介绍了学前教育机构的食品安全、卫生保健和传染病防治、消防安全、校车安全等主要方面的安全管理制度。专题七“学前教育相关法律责任”，主要介绍学前教育活动中的行政法律责任、民事法律责任和刑事法律责任。

在内容结构上，本书每一专题开头先介绍学习目标，末尾则有专题小结。每一专题正文中根据实际需要穿插一些案例和小知识介绍，以帮助学生更好地理解教材内容。每一专题后面还附有“思考与应用”课后练习，以帮助学生检测学习效果。虽然这是一本政策法规类的教材，但由于篇幅所限，本书中对法规条文的援引和对法律案例的列举不是很多，因此可能需要教师在教学中指导学生学会查询、检索相关法规、政策条文以及司法案例，以利于加深学生对相关知识的理解和掌握。

在编写分工上，本书由郝盼盼、雷思明担任主编，万颖慧、杜宇、段锐担任副主编，具体编写分工：郝盼盼编写专题一，雷思明编写专题二、专题六，段锐、郝盼盼编写专题三、专题七，鲁玲编写专题四，李俊编写专题五，万颖慧、杜宇编写综合测试题和配套教案；郝盼盼和雷思明对全书进行了统稿和修改。

由于编写人员水平有限，书中的不足和错误之处在所难免，恳请广大读者提出宝贵的意见与建议(发邮件至 yaoguiping@126.com)，以便我们不断修订、完善。

编　者

目　　录

CONTENTS

专题三 学前教育机构的法律地位

专题四 学前教育机构的工作人员

专题五 学前教育机构的保育和教育职责

专题六 学前教育机构的安全管理工作

专题一
认识学前教育政策与法规

本专题将主要学习三部分内容：法律基础知识、教育法律基础知识和学前教育法律基础知识。

法治是社会主义核心价值观之一，是国家治理体系和治理能力现代化的必然要求，中国正在全面推进依法治国。

我国已初步构建以《中华人民共和国宪法》(简称《宪法》)为基础，以《中华人民共和国教育法》(简称《教育法》)为核心，包括教育法律、教育行政法规和教育部门规章在内的教育法律体系。

学前教育政策与法规是我国教育法律体系的重要组成部分，国家在学前教育领域出台了一系列重要的政策法规，学前教育治理体系和治理能力的法治化水平正不断提高。

学习目标

1. 了解法的概念与法的特征等基本法律常识，树立法治的观念，认同依法治国的理念。

2. 熟悉教育法律体系，掌握几部重要的教育法律法规，共同推动依法治教的实践。

3. 熟知主要的学前教育政策与法规，提升学前教育治理法治化水平，做到依法执教。

学习主题一
法与法治

学习笔记

情境导入

子产铸刑鼎

子产是春秋后期郑国著名政治家，当时郑国面临内忧外患，国力日渐衰败，处境非常危险。为了富国强兵，子产大力推行社会改革，处罚那些荒唐不法、奢侈浪费的人。很多大贵族的利益在改革中受到损害，他们对改革措施说三道四，甚至还编了歌谣咒骂子产："硬逼我把上好的衣帽藏起来，还把我的田产左查右查！谁要去杀子产啊，我一定也参加！"面对威胁，子产毫不退却，他说："只要对国家有好处，我死也得做。推行善政，不能中途改变，我决心坚持到底。"

为了使国家有法可依，公元前 543 年，子产主持制定了一套国家法律——刑书。刑书先是写在竹木简上，由国家的官吏掌握施行。公元前 536 年，子产下令把刑书铸在鼎上，放在王宫门口，让全国百姓都能够看到这个鼎。这是中国历史上第一次公布成文法。

一、法的起源 >>>>>>>>>>>>>>>>>>>>>>>>>>>>>>>>>>>>

法的起源是指法的起始和发源，是法在人类历史上的形成过程。中国历史学者时常说：刑起于兵，兵刑同源。在尧舜以前的历史时期，氏族部落之间时有武力冲突发生。在战争中，被抓获的战俘时常被处死。到了尧舜时期，被抓获的战俘不再被处死，而是被役为奴隶。对于奴隶，主人是有惩罚权力的。于是，挖眼、断足等残酷的惩罚手段全部以"刑"的形式用在奴隶身上。又过了一段时间，"刑"被用在非奴隶的其他社会违法成员身上。这样，"刑"字在中国古代就具有了"法"的意思。① 因此，也就不难理解中国历史上第一次公布成文法是子产铸刑鼎。

马克思主义认为，法和国家一样，不是从来就有的，是社会发生、发展到一定阶段的产物。法律是人类一定历史阶段的产物，法的产生是社会基本矛盾发展的必然结果。具体地讲，法的产生是与私有制和阶级的出现分不开的。

人类到了原始社会晚期，开始学会了经营牧业和农业。特别是由于金属工具的出现，生产工具整体上有了较大的改进，劳动生产率得到提高，使个体劳动成为可能。适应这种生产力向前发展的需求，生产资料公有制逐渐向生产资料私有制转变，劳动产品逐渐落到个人手中。生产力的发展，个体劳动的普遍出现，导致一夫一妻制的个体家庭的确立和子女继承财产的父权制度的产生，社会出现了

① 刘星：《法理学导论：实践的思维演绎(修订本)》，232～233 页，北京，中国法制出版社，2016。

学习笔记

个体家庭私有制。① 因此，私有制度的产生，以及商品交换的频繁，是法产生的经济根源。②

奴隶制的形成，私有制家庭的出现，以及贫富分化的加剧，彻底改变了整个社会生活的基础以及产品分配和交换的规则，也彻底改变了人们的社会关系。过去那种原始的平等友爱关系逐渐为压迫与被压迫、剥削与被剥削的关系所取代；过去那种以纯粹的血缘关系为基础的社会组织逐渐被以地域和疆界为统属关系的社会组织所代替。在新的社会关系面前，社会自身再也无力解决这种对立的冲突了。为了不使社会和互相冲突的阶级在残酷的斗争中同归于尽，就需要一种凌驾于社会之上的力量，把这种阶级冲突控制在秩序的范围内。③ 所以，统治阶级建立国家机构，进而制定带有国家强制力的法就是必然的。这是法产生的政治根源。④

按照马克思主义的基本原理，阶级意义上的法的产生经历了一个相当长的历史阶段，它的最终形成以下列现象为标志：(1)国家的产生。法律调控意味着有一个专门机构，以全社会代表的名义认可或制定权威性的行为规范，有一批被组织起来的官吏负责执行这些规范。为了保证这些规范不被蔑视，违反规范者会受到有组织暴力施加的制裁，而这些正是国家机构所具有的特点。(2)诉讼与审判的出现。法律对社会关系和行为的调控，意味着当事人之间自行解决纠纷(私力救济)的被限制和借助公共权威解决纠纷(公力救济)的产生。这就要求由一个特定的机构来行使审判权，并通过一定的诉讼程序来处理纠纷。(3)权利和义务的分离。这种分离首先表现为财产归属上有了“我的”“你的”之区别；其次表现为权利和义务的分配出现了不平等，一些人的权利可以得到充分的实现，而另外一些人的权利不过是一种空头支票。法律对行为的调整以利益的分化即权利和义务的分离为条件。当上述三个标志完全具备之时，阶级意义上的法律起源过程就完成了。此时，一种与国家组织体系相匹配的法律规范体系便宣告形成。⑤

小知识

灋

“灋”是“法”的古字，由氵、廌、去三部分组成。灋，刑也。平之如水，从水；廌，所以触不直者去之，从去(离)。会意，表示法律、法度公平如水的表面。

“灋”是一种与刑法有关的神兽，公堂上遇到不好查清的案子的话，就把这个动物请出来，它能明辨是非，会用角顶那个坏人。

---

① 舒国滢：《法理学导论(第3版)》，261～262页，北京，北京大学出版社，2019。

② 刘星：《法理学导论：实践的思维演绎(修订本)》，233～234页，北京，中国法制出版社，2016。

③ 舒国滢：《法理学导论(第3版)》，262页，北京，北京大学出版社，2019。

④ 刘星：《法理学导论：实践的思维演绎(修订本)》，234页，北京，中国法制出版社，2016。

⑤ 舒国滢：《法理学导论(第3版)》，263～264页，北京，北京大学出版社，2019。

学习笔记

二、什么是法

法是由国家制定或认可的规范体系。这种规范体系依靠国家的强制力保证实施，以权利义务为调整机制，以人的行为及行为关系为调整对象，反映了由特定物质生活条件所决定的统治阶级的意志，其目的在于确认、保护和发展统治阶级所期望的社会关系和价值目标。

法的概念应从四个方面来掌握：首先，法和“国家制定或认可”有着关系。法律和国家立法机构之间有着重要关联，这些国家立法机构有的称“国会”，有的称“议会”或“议院”，在中国现在称“全国人民代表大会”。这些机构代表着国家意志。我们讲“国家制定或认可”，其实一般来说是在讲“国家立法机构制定或认可”。其次，正是因为和国家制定或认可有着关系，所以，法是国家统治阶级的意志表现。当然，统治阶级的意志并不一定会与被统治阶级的意志相互对立，然而，统治阶级的意志对于正式的国家法律的出现是至关重要的。另外，在某些情况下，人民作为整体完全可以“当家作主”(比如在社会主义中国)，所以，正式的法律完全可能体现人民的整体意志。再次，恰恰是因为和统治阶级的意志有着密切关系，我们可以发觉，法和“强制”有了必然关系。一种规范想要成为法律，势必应该具有“强制”的意识和可能性。如果没有“强制”，尤其是像司法机构实施的一种“物化”的“强制”(指剥夺行动自由、没收财产甚至剥夺生命)，那么，一种规范可能就是道德意义上的规范。最后，法与“可以做什么”“必须做什么”“应当做什么”“不得做什么”有关。换言之，法与行为主体的权利义务有关。①

三、法的特征②

视频：认识学前教育政策法规

从哲学上讲，任何事物的特征都是在与其他事物的比较中表现出来的，同样，法的特征也是法在与相近的社会现象比较的过程中显示出来的特殊征象和标志。法是社会上层建筑的重要组成部分，与上层建筑的其他部分(如政策、道德、宗教等)相比，具有以下一些基本特征。

（一）法是调整人们的行为或社会关系的规范，具有规范性

所谓规范，乃是指人们行为的标准或规则。法是一种社会规范，调整的是人们之间的相互关系或交互行为。法的规范性，是指法所具有的规定人们的行为模式、指导人们的行为的性质。法所规定的行为模式包括三种：(1)人们可以怎样行为，即可为模式；(2)人们不得怎样行为，即勿为模式；(3)人们应当或者必须怎样行为，即应为模式。

（二）法是由国家制定或者认可的，具有国家意志性

所有的规范都是人创制的，因而体现人的意志。法作为特殊的社会规范，其所体现的不是所有人的意志，而是国家的意志。因为国家的存在是法存在的前提条件，法表现为什么形式、其规范的内容如何，均由国家意志决定。法大体上是

① 刘星：《法理学导论：实践的思维演绎(修订本)》，35～39页，北京，中国法制出版社，2016。
② 教育部全国教育普法领导小组办公室：《教师普法学习读本》，北京，教育科学出版社，2017。

学习笔记

通过制定和认可这两种途径产生的。法的制定，是指国家立法机构按照法定程序创制规范性文件的活动。法的认可，是指国家通过一定的方式承认其他社会规范（如道德、宗教、风俗、习惯等）具有法律效力的活动。法是实现国家意志的重要手段，没有法，国家也就不成其为国家。法为组织国家机构所必需，为实现国家职能所必需，为建立、巩固和发展一定的社会秩序所必需。

（三）法是由国家强制力保证实施的规范体系，具有国家强制性

所谓强制性，就是指各种社会规范所具有的借助一定的社会力量强迫人们遵守的性质。法不同于其他社会规范，它具有特殊的强制性，即国家强制性。法是以国家强制力为后盾、由国家强制力保证实施的，也就是说，不管主观愿望如何，人们都必须遵守法律，否则将受到国家强制力的干涉及相应的法律制裁。国家强制力是法实施的最后保障手段，公安机关、检察机关和司法机关是国家保障法律实施的主要强制机关。

（四）法在国家权力管辖范围内普遍有效，具有普遍性

法律的普遍性，也称“法律的普遍适用性”“法律的概括性”，就是指法律作为一般的行为规范在国家权力管辖范围内具有普遍适用的效力和特性。具体而言，它包含两方面的内容：其一，法律效力对象的广泛性。在一国范围之内，任何人的合法行为都无一例外地受法律的保护，任何人的违法行为也都无一例外地受法律的制裁。法律不是为特别保护个别人的利益而制定的，也不是为特别约束个别人的行为而设立的。其二，法律效力的重复性。这是指法律对人们的行为有反复适用的效力。在同样的情况下，法律可以反复适用，而不仅仅适用一次。法律不能为某一特殊事项或行为而制定，也不能因为一次性适用而终止生效。

法具有普遍性，在国家权力管辖范围内普遍有效，这是从法的空间效力来讲的。有些法律是在全国范围内生效的，如《宪法》《刑法》和《中华人民共和国民法典》（简称《民法典》）等；有些则在部分地区生效，比如地方性法规。而那些经国家认可的习惯法，其适用范围则可能更为有限。因此，不能对法的普遍性做片面的理解。

（五）法是经由严格的程序制定的规范，具有程序性

法是强调程序、规定程序和实行程序的规范。也可以说，法是一个程序制度化的体系或制度化解决问题的程序。程序是社会制度化的最重要的基石，程序性也是法的一个重要特征。说法具有程序性，还表现在：一方面，法在本质上要求实现程序化；另一方面，程序的独特性质和功能也为保障法律之效率和权威提供了条件。在一定意义上可以说，法治发展的程度，事实上取决于一个国家法律制度程序化的程度以及对法律程序的遵守和服从的状态。①

法律制定程序即立法程序，是指有法律制定权的国家机关在创制、认可、修改或者废止规范性法律文件的活动中所必须遵守的步骤和方法。程序是民主的保证，合理、完善的立法程序是提高立法质量的重要保证。根据《中华人民共和国立法法》（简称《立法法》）和有关法律的规定，全国人大及其常委会制定法律的基本程

---

① 舒国滢：《法理学导论（第3版）》，28～36页，北京，北京大学出版社，2019。

学习笔记

序包括法律案的提出、法律案的审议、法律案的表决、法律的公布四个阶段。

四、法的本质

一般认为，法的本质是法的根本属性，是法稳定的、必然的、内在的联系。马克思主义哲学认为，任何事物都有本质和现象两个方面，本质是事物的内部联系，现象是事物的外部联系，二者密不可分。研究法律，也要从这两方面入手。法的现象是法的外部联系和表面特征，是外露的、多变的，通过感性认识即可获知。法的本质是深藏于法的现象背后的，是法存在的基础和发生变化的决定性力量，是深刻的、稳定的，只有通过抽象思维才能把握。我们只有正确把握法的本质，才能真正理解"法"的含义。

法的本质包含以下三个层次。

首先，法是统治阶级意志的体现。所谓"统治阶级"，就是掌握国家政权的阶级。统治阶级意志由统治阶级的根本利益和整体利益所决定，而不是统治者个人意志，也不是统治者个人意志的简单相加。但是，统治阶级意志本身不是法，只有当统治阶级意志经过专门程序上升为国家意志，并确定为国家的法律规定后，才具有法的效力。当然，统治阶级在制定法律时，出于维护政治统治的需要，还要考虑被统治阶级的承受能力、阶级的现实力量对比等多种因素。但是，被统治阶级的意志在任何情况下都不可能作为独立的意志直接体现在法律里面。所以，在阶级社会中，法归根到底还是统治阶级意志的体现，这是法的初级本质。①

其次，法的内容最终由社会物质生活条件所决定。社会物质生活条件是指与人类生存相关的自然条件、人口条件、社会物质资料的生产方式等多种因素构成的综合体，它是人类社会的基石。作为一种独特的社会现象，法律所体现的统治阶级意志不能凭空产生，而是由统治阶级所在社会的物质生活条件决定的。法的存在、实施和发展都受制于社会生产方式，是由经济基础决定的。因此，法是经济的集中体现和反映，一切法律问题归根到底都是经济关系、经济状况、经济机制的反映和要求。一切法律现象都可以还原为经济现象，一切法律问题都可以归结为经济问题，这是法的深层本质。1848 年，马克思和恩格斯在《共产党宣言》中指出，资产阶级的法律不过是被奉为法律的资产阶级意志的表现，这种意志的内容是由资产阶级的物质生活条件所决定的。当然，这是在讲资产阶级的法律。然而，对于所有的法律来说，"意识由物质生活条件所决定"这一规律仍然是广泛适用的。②

最后，其他因素对法的影响。法是多种因素的产物，除了物质生活条件以外，政治、思想、道德、文化、历史传统、风俗习惯、民族、科技等因素也会对法产生影响，这是法的第三层本质。

① 胡玉鸿：《马克思主义法本质观之重述》，载《学习与探索》，2006(3)。
② 刘星：《法理学导论：实践的思维演绎(修订本)》，49～62 页，北京，中国法制出版社，2016。

小知识

经济基础与上层建筑

经济基础是指由社会一定发展阶段的生产力所决定的生产关系的总和，是构成一定社会的基础；上层建筑是建立在经济基础之上的意识形态以及与其相适应的制度、组织和设施，在阶级社会主要指政治法律制度和设施。

经济基础与上层建筑的关系：经济基础是上层建筑赖以存在的根源，是第一性的；上层建筑是经济基础在政治上和思想上的表现，是第二性的、派生的。经济基础决定上层建筑，上层建筑反作用于经济基础。

五、依法治国

（一）依法治国的内涵

依法治国就是依照体现人民意志和社会发展规律的法律治理国家，而不是依照个人意志、主张治理国家；要求国家的政治、经济运作、社会各方面的活动通通依照法律进行，而不受任何个人意志的干预、阻碍或破坏。一句话，依法治国就是依照表现为法律形式的人民意志来治理国家。即国家的立法机关依法立法，政府依法行政，司法机关依法独立行使审判权、检察权，公民的权利和自由受法律的切实保护，国家机关的权力受法律严格制约。依法治国最基本的标志是：它必须建立体现人民意志、反映社会发展规律的完备的法律体系；同时，法律又应当具有极大的权威，能够在国家和社会生活的各个方面得到普遍的、切实的遵守。①

从一般意义上讲，依法治国就是坚持和实行法治，反对人治和专制。党的十五大报告指出，依法治国，就是广大人民群众在党的领导下，依照宪法和法律规定，通过各种途径和形式管理国家事务，管理经济文化事业，管理社会事务，保证国家各项工作都依法进行，逐步实现社会主义民主的制度化、法律化。党的十九大报告指出，十八大以来的五年，我国积极发展社会主义民主政治，推进全面依法治国，党的领导、人民当家作主、依法治国有机统一的制度建设全面加强。依法治国是中国共产党领导人民治理国家的基本方略，是发展社会主义市场经济的客观需要，也是社会文明进步的显著标志，还是国家长治久安的必要保障。依法治国，建设社会主义法治国家，是人民当家作主的根本保证。②

（二）依法治国的发展

改革开放以来，我国法治建设取得了巨大进展，其核心是完成了从法制建设到法治建设的话语转变。回顾中国 40 余年的法治建设，一言以蔽之，可以说是“两场论争”与“三次会议”。

“两场论争”指的是 20 世纪 70 年代末到 80 年代初的法治与人治的论争和

学习笔记

① 王家福、李步云、刘海年等：《论依法治国》，载《法学研究》，1996(2)。
② 李林：《依法治国与推进国家治理现代化》，载《法学研究》，2014(5)。

学习笔记

20 世纪 90 年代中期的法制与法治的论争。[1] 法治与人治的论争是在理论上解决我国最终要实行法治还是人治的问题，而法制与法治的论争则是法治要如何进行的问题。前者是方向指引，后者则是路径保障。经过这两次理论上的准备，党和国家也终于将“依法治国，建设社会主义法治国家”作为执政治国的基本方略，凝聚了社会基本共识，决定了中国社会发展的基本走向。

至于“三次会议”，则是指：(1)1978 年十一届三中全会，这次全会提出解放思想，标志着我国改革开放后法治建设的开端；(2)1999 年第九届全国人民代表大会第二次会议，依法治国被正式写入《中华人民共和国宪法》，标志着法治建设的第二次重大突破；(3)2014 年十八届四中全会，审议通过了《中共中央关于全面推进依法治国若干重大问题的决定》，将全面推进“依法治国，建设社会主义法治国家”提升到了前所未有的高度，标志着我国法治建设开启了新篇章。依据“三次会议”的时间，我们可以将我国法治建设进程划分为三个时期，分别是 1978 年至 1999 年、1999 年至 2014 年以及 2014 年至今。

1. 法治建设的开端：十一届三中全会（1978 年）至九届全国人大二次会议（1999 年）

1978 年，《中国共产党第十一届中央委员会第三次全体会议公报》指出，为了保障人民民主，必须加强社会主义法制，使民主制度化、法律化，使这种制度和法律具有稳定性、连续性和极大的权威，做到有法可依、有法必依、执法必严、违法必究。1982 年，我国现行《宪法》颁布，这是法治建设上的又一座里程碑。《宪法》规定了公民的基本权利与义务、国家组织结构等重大问题，突出了保障公民权利、限制公权力，以及依法行政的观念。1996 年，八届全国人大四次会议的一系列重要文件中都提到了依法治国，将“依法治国，建设社会主义法制国家”确定为民主法制建设的总方针和奋斗目标。1997 年，党的十五大报告明确指出，要“进一步扩大社会主义民主，健全社会主义法制，依法治国，建设社会主义法治国家”。

2. 法治建设的第二次突破：九届全国人大二次会议（1999 年）至十八届四中全会（2014 年）

我国法治建设的第二次突破当以九届全国人大二次会议上将依法治国写入《宪法》为第一个重要标志。1999 年 3 月 15 日，九届全国人大二次会议通过了《中华人民共和国宪法修正案》，《宪法》第五条增加一款，作为第一款，规定：“中华人民共和国实行依法治国，建设社会主义法治国家。”这一时期的第二个重要标志是“三个统一”的提出。“三个统一”指党的领导、人民当家作主和依法治国的有机统一，由党的十五大报告提出，在党的十六大、十七大报告中均被反复强调。2004 年“人权入宪”则是这一时期的第三个重要标志，标志着中国特色社会主义法治理念坚持以人为本，尊重和保障人权。2011 年 3 月 10 日，吴邦国委员长在十一届全国人大四次会议上庄重宣布：中国特色社会主义法律体系已经形成。这是这一时期的第四个重要标志，标志着法治建设中法制建设框架的基本形成，也对我国法治建设从强调立法向强调“法的治理”的转变提出

① 郭道晖：《“法治”背后的故事》，载《理论视野》，2014(5)。

了新的要求。①

3. 法治建设的第三次突破：十八届四中全会(2014 年)至今

2014 年 10 月 23 日，十八届四中全会通过《中共中央关于全面推进依法治国若干重大问题的决定》，确立坚持走中国特色社会主义法治道路，建设中国特色社会主义法治体系，全面推进依法治国。文件指出，全面推进依法治国，总目标是建设中国特色社会主义法治体系，建设社会主义法治国家。主要表现为“形成完备的法律规范体系、高效的法治实施体系、严密的法治监督体系、有力的法治保障体系，形成完善的党内法规体系，坚持依法治国、依法执政、依法行政共同推进，坚持法治国家、法治政府、法治社会一体建设，实现科学立法、严格执法、公正司法、全民守法，促进国家治理体系和治理能力现代化”。

2020 年 5 月 28 日，十三届全国人大三次会议审议通过了《中华人民共和国民法典》，这是新中国成立以来第一部以“法典”命名的法律，是新时代我国社会主义法治建设的重大成果。《民法典》在中国特色社会主义法律体系中具有重要地位，是一部固根本、稳预期、利长远的基础性法律，对推进全面依法治国、加快建设社会主义法治国家，对发展社会主义市场经济、巩固社会主义基本经济制度，对坚持以人民为中心的发展思想、依法维护人民权益、推动我国人权事业发展，对推进国家治理体系和治理能力现代化，都具有重大意义。②

2020 年 10 月 29 日，十九届五中全会审议通过了《中共中央关于制定国民经济和社会发展第十四个五年规划和二〇三五年远景目标的建议》，提出了到 2035 年要实现的九方面远景目标。在法治建设方面的目标是：基本实现国家治理体系和治理能力现代化，人民平等参与、平等发展权利得到充分保障，基本建成法治国家、法治政府、法治社会。

2020 年 11 月 16 日至 17 日，中国共产党历史上首次召开的中央全面依法治国工作会议将习近平法治思想明确为全面依法治国的指导思想。习近平法治思想内涵丰富、论述深刻、逻辑严密、系统完备，形成了以“十一个坚持”为主要内容的科学体系：坚持党对全面依法治国的领导；坚持以人民为中心；坚持中国特色社会主义法治道路；坚持依宪治国、依宪执政；坚持在法治轨道上推进国家治理体系和治理能力现代化；坚持建设中国特色社会主义法治体系；坚持依法治国、依法执政、依法行政共同推进，法治国家、法治政府、法治社会一体建设；坚持全面推进科学立法、严格执法、公正司法、全民守法；坚持统筹推进国内法治和涉外法治；坚持建设德才兼备的高素质法治工作队伍；坚持抓住领导干部这个“关键少数”。

学习笔记

小知识

法治建设的十六字方针

1978 年(旧十六字方针)：有法可依、有法必依、执法必严、违法必究。

2018 年(新十六字方针)：科学立法、严格执法、公正司法、全民守法。

新十六字方针主要涵盖四项内容：

科学立法，巩固法治根基；
严格执法，建设法治政府；
公正司法，守卫公平正义；
全民守法，倡导社会新风。

---

① 申素平等：《从法制到法治：教育法治建设之路》，上海，华东师范大学出版社，2018。

② 习近平：《充分认识颁布实施民法典重大意义 依法更好保障人民合法权益》，载《求是》，2020(12)。

学习笔记

（三）依法治国的任务

十八届四中全会通过的《中共中央关于全面推进依法治国若干重大问题的决定》指出，全面推进依法治国，总目标是建设中国特色社会主义法治体系，建设社会主义法治国家。

要实现建设社会主义法治国家的目标，必须明确全面推进依法治国的重大任务，这就是：完善以《宪法》为核心的中国特色社会主义法律体系，加强《宪法》实施；深入推进依法行政，加快建设法治政府；保证公正司法，提高司法公信力；增强全民法治观念，推进法治社会建设。在立法方面，法律是治国之重器，良法是善治之前提。建设中国特色社会主义法治体系，必须坚持立法先行，发挥立法的引领和推动作用，抓住提高立法质量这个关键。在执法方面，法律的生命力在于实施，法律的权威也在于实施。各级政府必须坚持在党的领导下、在法治轨道上开展工作，加快建设职能科学、权责法定、执法严明、公开公正、廉洁高效、守法诚信的法治政府。在司法方面，公正是法治的生命线。必须完善司法管理体制和司法权力运行机制，规范司法行为，加强对司法活动的监督，努力让人民群众在每一个司法案件中感受到公平正义。在守法方面，法律的权威源自人民的内心拥护和真诚信仰。人民权益要靠法律保障，法律权威要靠人民维护。必须弘扬社会主义法治精神，建设社会主义法治文化，增强全社会厉行法治的积极性和主动性，形成守法光荣、违法可耻的社会氛围，使全体人民都成为社会主义法治的忠实崇尚者、自觉遵守者、坚定捍卫者。①

思考与应用

1. 法具有哪些基本的特征？

2.“王子犯法，与庶民同罪”体现了法的什么特征？（　　）

A. 法的普遍性

B. 法的强制性

C. 法的国家意志性

D. 法的规范性

3. 我国现行《宪法》是哪一年颁布的？

4. 全面依法治国的总目标是什么？

5. 制定《民法典》的重大意义是什么？

6. 全面推进依法治国的具体任务（法治建设的新十六字方针）是什么？

① 《中共中央关于全面推进依法治国若干重大问题的决定》，载《人民日报》，2014-10-29。

学习主题二
教育法基础

学习笔记

情境导入

学前教育有没有法？

当我们回答学前教育有法的时候，说的是学前教育有方法、有办法。当我们回答学前教育没有法的时候，说的是学前教育还没有专门的法律（截至 2021 年 2 月，学前教育法有了草案，但尚未出台）。我们经常说的教育法是指国家在教育方面的法律。

教育法的概念有狭义、中观含义和广义三个层面。

狭义的教育法概念，特指 1995 年 3 月 18 日八届全国人大三次会议通过的《中华人民共和国教育法》，这是一部法律。

中观含义的教育法概念，指由国家权力部门（立法机关）制定的教育法律，在我国指由全国人民代表大会及其常务委员会所制定的教育法律，如《中华人民共和国义务教育法》（简称《义务教育法》）、《中华人民共和国职业教育法》（简称《职业教育法》）、《中华人民共和国教师法》（简称《教师法》）等。中观含义的教育法是国家法律体系中的一类，是与教育相关的法律。

广义的教育法概念，指由国家制定或认可，并由国家强制力保证实施的调整教育活动中各种社会关系的法律规范的综合。广义的教育法的制定主体是多元的，既包括国家权力机关、国家行政机关，又包括地方权力机关、地方行政机关。在我国，广义的教育法包括全国人民代表大会及其常务委员会制定的教育法律，国务院制定的教育行政法规，省及设区的市的人民代表大会制定的地方性教育法规，国务院所属部门制定的部门规章，省及设区的市的人民政府制定的政府规章。

一、教育法的渊源

教育法的渊源，是从教育法的效力来源上讲的，即教育法是由何种国家机关通过何种方式创立的，表现为何种教育法律文件的形式。在我国，教育法的渊源主要有以下几类：宪法、法律、行政法规、部门规章、地方性法规、地方政府规章、国际条约与协定。

宪法是由全国人民代表大会制定的，是国家的根本大法，具有最高的法律效力，为教育法的制定提供了立法原则与法律依据，宪法中也有关于教育的重要内容。法律是由全国人民代表大会及其常务委员会制定的，具有第二高的法律效力。重要的教育法律由全国人大制定，比如《教育法》和《义务教育法》；一般的教育法律由全国人大常委会制定，比如《职业教育法》和《中华人民共和国民办教育促进法》（简称《民办教育促进法》）。行政法规是由国务院制定的，具有第三高的法律效力，

学习笔记

比如《教师资格条例》。部门规章是由教育部制定的，比如《学生伤害事故处理办法》。地方性法规是由地方人大及其常委会制定的，比如北京市人大常委会制定的《北京市学前教育条例》。地方政府规章是由地方政府制定的，比如北京市政府制定的《北京市教育督导规定》。国际条约与协定也是我国教育法的重要渊源，经过我国正式签署、批准或加入的国际条约与协定，如《儿童权利公约》等，我国也必须遵守。具体示例见表 1-1。

表 1-1　教育法的渊源

法律形式	具体法律列举	制定主体
宪法	《宪法》	全国人大
法律	《教育法》	全国人大及其常委会
行政法规	《教师资格条例》	国务院
部门规章	《学生伤害事故处理办法》	教育部
地方性法规	《北京市学前教育条例》	北京市人大常委会
地方政府规章	《北京市教育督导规定》	北京市政府
国际条约与协定	《儿童权利公约》	联合国

二、教育法律体系 >>>>>>>>>>>>>>>>>>>>>>>>>>>>>>>>>

经过多年努力，我国已经基本形成了以《宪法》为统领，以 9 部教育法律为主体(框架)，由 16 部教育行政法规、100 余部地方性教育法规、200 多部教育部门规章和地方政府规章构成的中国特色社会主义教育法律法规体系。这里突出《宪法》的统领作用，这也是我国教育法律体系的重要特点。①

(一)《宪法》

1.《宪法》把发展教育事业明确纳入国家职责

《宪法》第十九条第一款明确规定："国家发展社会主义的教育事业，提高全国人民的科学文化水平。"该规定明确把发展教育事业、举办学校和发展各种形式的教育等作为国家的责任。该条第二款、第三款分别规定："国家举办各种学校，普及初等义务教育，发展中等教育、职业教育和高等教育，并且发展学前教育。""国家发展各种教育设施，扫除文盲，对工人、农民、国家工作人员和其他劳动者进行政治、文化、科学、技术、业务的教育，鼓励自学成才。"这为《教育法》进一步确立教育的战略地位、政府的管理职责及对教育投入与条件的保障职责提供了法律依据。

2.《宪法》确定了我国的教育制度框架和管理体制框架

《宪法》第十九条在规定国家发展教育事业、举办学校职责的阐述中，描述了我国教育制度分为初等义务教育、中等教育、职业教育、高等教育以及学前教育。这为我国《教育法》关于国家"教育基本制度"的设定提供了依据。《宪法》第三章"国家机构"中第八十九条、第一百零七条、第一百一十九条分别规定了国务院、县级

① 叶齐炼：《完善我国教育法律体系的思考》，载《中国高教研究》，2019(2)。

学习笔记

以上地方各级人民政府、民族自治地方的自治机关对于教育事业的领导权和管理权，为《教育法》“总则”中规定的“根据分级管理、分工负责的原则，领导和管理教育工作”提供了依据。

3.《宪法》规定了鼓励社会参与发展教育事业的原则

在《宪法》第十九条第一款规定国家发展教育事业的职责的基础上，该条第四款明确提出：“国家鼓励集体经济组织、国家企业事业单位和其他社会力量依照法律规定举办各种教育事业。”确定了发展教育事业采取国家与社会力量“两条腿走路”的方针。《宪法》赋予社会发展教育的职责，为《教育法》“总则”中规定“全社会应当关心和支持教育事业的发展”，第六章“教育与社会”中的相关规定，以及第七章“教育投入与条件保障”中规定“国家建立以财政拨款为主、其他多种渠道筹措教育经费为辅的体制”提供了依据。

4.《宪法》把受教育明确规定为公民的基本权利和义务

《宪法》第二章“公民的基本权利和义务”中，第四十六条规定：“中华人民共和国公民有受教育的权利和义务。国家培养青年、少年、儿童在品德、智力、体质等方面全面发展。”公民的受教育权如同公民的人身权、财产权一样，是公民的一项基本权利。所不同的是，受教育不仅是公民的一项基本权利，而且是公民必尽的一项义务。《宪法》的这一规定，为《教育法》规定公民的受教育权以及受教育机会均等提供了法律依据，并为《义务教育法》的制定奠定了基础。

小知识

《中华人民共和国宪法》

《中华人民共和国宪法》是中华人民共和国的根本大法，拥有最高法律效力。中华人民共和国成立后，曾于1954年9月20日、1975年1月17日、1978年3月5日和1982年12月4日通过四部宪法，现行《宪法》为1982年宪法，并历经1988年、1993年、1999年、2004年、2018年五次修正。《宪法》主要有五部分内容，包括：序言，总纲，公民的基本权利和义务，国家机构，国旗、国歌、国徽、首都。

依法治国与法治国家

第五条　中华人民共和国实行依法治国，建设社会主义法治国家。

国家维护社会主义法制的统一和尊严。

一切法律、行政法规和地方性法规都不得同宪法相抵触。

一切国家机关和武装力量、各政党和各社会团体、各企业事业组织都必须遵守宪法和法律。一切违反宪法和法律的行为，必须予以追究。

任何组织或者个人都不得有超越宪法和法律的特权。

受教育权

第四十六条　中华人民共和国公民有受教育的权利和义务。

国家培养青年、少年、儿童在品德、智力、体质等方面全面发展。

（二）教育法律

教育法律是由全国人大及其常委会制定的有关教育方面的法律，截至2021年

11 月，我国现行有效的教育法律共 9 部，分别是《中华人民共和国学位条例》(简称《学位条例》)和《义务教育法》《教师法》《教育法》《职业教育法》《高等教育法》《民办教育促进法》，以及《中华人民共和国国家通用语言文字法》(简称《国家通用语言文字法》)、《中华人民共和国家庭教育促进法》(简称《家庭教育促进法》)，见表 1-2。

表 1-2 我国现行有效的 9 部教育法律

序号	法律名称	制定主体	制定时间	修改时间
1	《学位条例》	全国人大常委会	1980 年	2004 年
2	《义务教育法》	全国人大	1986 年	2006 年，2015 年，2018 年
3	《教师法》	全国人大常委会	1993 年	2009 年
4	《教育法》	全国人大	1995 年	2009 年，2015 年，2021 年
5	《职业教育法》	全国人大常委会	1996 年	
6	《高等教育法》	全国人大常委会	1998 年	2015 年，2018 年
7	《国家通用语言文字法》	全国人大常委会	2000 年	
8	《民办教育促进法》	全国人大常委会	2002 年	2013 年，2016 年，2018 年
9	《家庭教育促进法》	全国人大常委会	2021 年	

学习笔记

这 9 部教育法律在我国教育法治进程中发挥了重要作用，但还不够，需要继续出台新的教育法律。2010 年，《国家中长期教育改革和发展规划纲要(2010—2020 年)》出台，其中对完善教育法律法规提出“六修五立”的目标，也是未来教育立法的重点领域：“按照全面实施依法治国基本方略的要求，加快教育法制建设进程，完善中国特色社会主义教育法律法规。根据经济社会发展和教育改革的需要，修订教育法、职业教育法、高等教育法、学位条例、教师法、民办教育促进法，制定有关考试、学校、终身学习、学前教育、家庭教育等法律。”2019 年，《中国教育现代化 2035》提出提高教育法治化水平，构建完备的教育法律法规体系，健全学校办学法律支持体系。2020 年 9 月，《中华人民共和国学前教育法草案(征求意见稿)》发布。2021 年 1 月，《中华人民共和国家庭教育法(草案)》公开向公众征求意见。2021 年 8 月 17 日，第十三届全国人民代表大会常务委员会第三十次会议听取了关于家庭教育法草案修改情况的汇报，草案二审稿将法律名称修改为家庭教育促进法。家庭教育促进法草案二审稿在中国人大网公布，公开征求社会公众意见。2021 年 10 月 23 日，第十三届全国人民代表大会常务委员会第三十一次会议审议通过《家庭教育促进法》，自 2022 年 1 月 1 日起施行。

2021 年 1 月 20 日，《中华人民共和国教育法(修正草案)》提交全国人大常委会审议。2021 年 4 月 29 日，第十三届全国人民代表大会常务委员会第二十八次会议审议通过《关于修改〈中华人民共和国教育法〉的决定》，自 2021 年 4 月 30 日起施行。此次《教育法》修改的主要内容有：一是进一步明确党的领导，丰富教育指导思想；二是强调教育作用，着力凸显教育国之大计、党之大计地位；三是进一步完善教育方针，充实教育“培养什么人”的内容，明确规定培养“德智体美劳”全面发展的社会主义建设者和接班人；四是丰富教育内容，强化教育对继承和弘扬中国特色社会主义文化的重要作用；五是完善冒名顶替入学行为的法律责任，回应

学习笔记

社会关切。可以预见，我国教育法律的制定和修改将迎来一个新的高峰时期，最终的理想是形成一部完善的教育法典。

（三）教育行政法规

教育行政法规是指国家最高行政机关（国务院）为领导、管理教育事业，根据宪法和教育法律制定的规范性文件。教育行政法规在内容上是针对某一类教育管理事务发布的行为规则，而不是针对某个具体的事件或问题作出的决定，在形式和结构上比较规范，一般以国务院令的形式发布，在时效上必须有相对的稳定性，其制定、审定、发布必须经过法定程序。我国现行有效的教育行政法规可参见表 1-3。

表 1-3 我国现行有效的教育行政法规

序号	法规名称	制定时间	修改时间
1	《中华人民共和国学位条例暂行实施办法》	1981 年	
2	《全国中小学勤工俭学暂行工作条例》	1983 年	
3	《普通高校设置暂行条例》	1986 年	
4	《征收教育费附加的暂行规定》	1986 年	1990 年，2005 年，2011 年
5	《扫除文盲工作条例》	1988 年	1993 年
6	《高等教育自学考试暂行条例》	1988 年	2014 年
7	《幼儿园管理条例》	1989 年	
8	《学校体育工作条例》	1990 年	2017 年
9	《学校卫生工作条例》	1990 年	
10	《教学成果奖励条例》	1994 年	
11	《中华人民共和国残疾人教育条例》	1994 年	2017 年
12	《教师资格条例》	1995 年	
13	《中华人民共和国中外合作办学条例》	2003 年	
14	《中华人民共和国民办教育促进法实施条例》	2004 年	2021 年
15	《校车安全管理条例》	2012 年	
16	《教育督导条例》	2012 年	

说明：《立法法》于 2000 年 7 月 1 日施行。《立法法》施行之前“由国务院批准、国务院主管部门发布”的规范性文件在当时被“视为行政法规”（即“准行政法规”）。

（四）部门教育规章

《宪法》和《立法法》规定，国务院各部委根据法律、国务院的行政法规，可以在自身权限内发布规章。由教育部制定的教育规章，称为部门教育规章，常用的名称为“规定”“办法”等。部门教育规章采取教育部令或教育部与国务院其他部委联合令形式发布，在全国范围内有效。2021 年 1 月 4 日，教育部发布《教育部现行有效规章目录》的公告，截至 2020 年 12 月 31 日，教育部现行有效规章共有 47 部。梳理由教育部制定的现行有效的教育规章，按照主体划分，主要涉及学校、教师、学生和教育行政部门四个主体。涉及学校的部门规章有：《幼儿园工作规程》《小学管理规程》《中小学幼儿园安全管理办法》《学校艺术教育工作规程》《学校

学习笔记

食品安全与营养健康管理规定》《特殊教育学校暂行规程》《学校招收和培养国际学生管理办法》。涉及教师的部门规章有：《〈教师资格条例〉实施办法》《中小学教师继续教育规定》《中小学校长培训规定》《学校教职工代表大会规定》。涉及学生的部门规章有：《学生伤害事故处理办法》《中小学教育惩戒规则（试行）》。涉及教育行政部门的部门规章有：《教育行政处罚暂行实施办法》《实施教育行政许可若干规定》《国家教育考试违规处理办法》《普通话水平测试管理规定》《教育统计管理规定》《教育系统内部审计工作规定》。

（五）地方性法规

《立法法》第七十二条第一、二款规定："省、自治区、直辖市的人民代表大会及其常务委员会根据本行政区域的具体情况和实际需要，在不同宪法、法律、行政法规相抵触的前提下，可以制定地方性法规。设区的市的人民代表大会及其常务委员会根据本市的具体情况和实际需要，在不同宪法、法律、行政法规和本省、自治区的地方性法规相抵触的前提下，可以对城乡建设与管理、环境保护、历史文化保护等方面的事项制定地方性法规，法律对设区的市制定地方性法规的事项另有规定的，从其规定。设区的市的地方性法规须报省、自治区的人民代表大会常务委员会批准后施行。省、自治区的人民代表大会常务委员会对报请批准的地方性法规，应当对其合法性进行审查，同宪法、法律、行政法规和本省、自治区的地方性法规不抵触的，应当在四个月内予以批准。"据此，省一级人大和设区的市的人大可以制定教育方面的地方性法规。

在学前教育领域，各地已经制定了一些地方性法规。如《山东省学前教育条例》，2019 年 9 月 27 日经山东省第十三届人民代表大会常务委员会第十四次会议通过，自 2020 年 1 月 1 日起施行。再如《辽阳市学前教育条例》，2018 年 11 月 28 日经辽阳市第十六届人民代表大会常务委员会第十次会议审议通过，并于 2019 年 3 月 30 日经辽宁省第十三届人民代表大会常务委员会第十次会议批准，自 2019 年 5 月 15 日起施行。

（六）地方政府规章

《立法法》第八十二条第一、二款规定："省、自治区、直辖市和设区的市、自治州的人民政府，可以根据法律、行政法规和本省、自治区、直辖市的地方性法规，制定规章。地方政府规章可以就下列事项作出规定：（一）为执行法律、行政法规、地方性法规的规定需要制定规章的事项；（二）属于本行政区域的具体行政管理事项。"据此，省一级政府和设区的市、自治州的政府有权制定规章。

在学前教育领域，各地已经制定了一些地方政府规章。如《大连市学前教育机构管理规定》，2003 年 12 月 26 日大连市人民政府令第 40 号公布，根据 2018 年 7 月 23 日大连市人民政府令第 154 号《大连市人民政府关于修改 32 件市政府规章的决定》修正。再如《武汉市学前教育管理办法》，2014 年 7 月 11 日武汉市人民政府令第 253 号公布，自 2014 年 9 月 1 日起施行。

三、几部重要的教育法律 >>>>>>>>>>>>>>>>>>>>>>>>>>>>>>

（一）《教育法》

《教育法》是我国的教育基本法，也是其他教育法律制定的基本依据。1995 年

3月18日第八届全国人民代表大会第三次会议通过《教育法》，并于同年9月1日起施行。2009年8月27日第十一届全国人民代表大会常务委员会第十次会议第一次修正，2015年12月27日第十二届全国人民代表大会常务委员会第十八次会议第二次修正，2021年4月29日第十三届全国人民代表大会常务委员会第二十八次会议第三次修正。《教育法》全文共10章86条，对我国教育的性质和方针、教育基本制度、学校及其他教育机构、教育主体的权利与义务、教育与社会的关系、教育投入与条件保障、教育对外交流与合作以及法律责任等方面的内容做了全面规定。

《教育法》明确了教育者与受教育者的权利和义务。《教育法》第三十三条、第三十四条规定了教师的权利和义务："教师享有法律规定的权利，履行法律规定的义务，忠诚于人民的教育事业。""国家保护教师的合法权益，改善教师的工作条件和生活条件，提高教师的社会地位。教师的工资报酬、福利待遇，依照法律、法规的规定办理。"《教育法》第四十三条对受教育者的权利做了比较明确具体的规定。归纳总结《教育法》中有关受教育者权利的规定，主要体现在以下几个方面：(1)参加教育教学活动的权利；(2)获得奖学金、贷学金、助学金的权利；(3)获得公正评价和证书的权利；(4)提出申诉和依法起诉的权利；(5)法律、法规规定的受教育者依法享有的其他权利。这样的规定切实保护了受教育者的合法权益。《教育法》第四十四条规定了受教育者应履行的义务，具体表现在以下几个方面：(1)遵守法律、法规的义务；(2)养成良好品德的义务；(3)努力学习的义务；(4)遵守其他制度的义务。《教育法》对教师和其他教育工作者与受教育者的权利和义务进行了规定，更好地维护了教育者和受教育者的合法权益，确保了教育活动顺利开展。

《教育法》第十七条第一款规定："国家实行学前教育、初等教育、中等教育、高等教育的学校教育制度。"学前教育是我国学制系统的重要组成部分，是国民教育的开端，具有极其重要的意义。《教育法》第十八条规定："国家制定学前教育标准，加快普及学前教育，构建覆盖城乡，特别是农村的学前教育公共服务体系。各级人民政府应当采取措施，为适龄儿童接受学前教育提供条件和支持。"适龄儿童有接受学前教育的权利，政府有义务提供机会和条件。随着国家逐步加大对学前教育的投入力度，越来越多的适龄儿童有机会接受学前教育。

(二)《教师法》

百年大计，教育为本；教育大计，教师为本。教育是立国之本、安邦之源，教师作为教育活动的具体实施者，直接影响着教育的质量。2018年9月10日，全国教育大会召开，习近平总书记在大会上的讲话中指出，长期以来，广大教师贯彻党的教育方针，教书育人，呕心沥血，默默奉献，为国家发展和民族振兴作出了重大贡献。教师是人类灵魂的工程师，是人类文明的传承者，承载着传播知识、传播思想、传播真理，塑造灵魂、塑造生命、塑造新人的时代重任。全党全社会要弘扬尊师重教的社会风尚，努力提高教师政治地位、社会地位、职业地位，让广大教师享有应有的社会声望，在教书育人岗位上为党和人民事业作出新的更大的贡献。①

① 吴晶、胡浩：《习近平在全国教育大会上强调 坚持中国特色社会主义教育发展道路 培养德智体美劳全面发展的社会主义建设者和接班人》，载《人民教育》，2018(18)。

学习笔记

《教师法》是我国第一部专门调整教师职业的法律。1993 年 10 月 31 日第八届全国人民代表大会常务委员会第四次会议通过，自 1994 年 1 月 1 日起施行。它的诞生，是对教师权益的法制化保障，有利于稳定教师队伍，建设高素质教师群体，对于促进社会主义教育事业的发展，为社会主义现代化建设提供高素质劳动者，起着重要作用。2009 年 8 月 27 日，第十一届全国人民代表大会常务委员会第十次会议对《教师法》进行修正。修正后的《教师法》共 9 章 43 条，对教师的权利和义务、资格和任用、培养和培训、考核、待遇、奖励等做了相应的规定。

《教师法》第四十条第一项规定："各级各类学校，是指实施学前教育、普通初等教育、普通中等教育、职业教育、普通高等教育以及特殊教育、成人教育的学校。"该条第三项规定："中小学教师，是指幼儿园、特殊教育机构、普通中小学、成人初等中等教育机构、职业中学以及其他教育机构的教师。"因此，在法律用语中，在说到学校的时候是包括幼儿园的，在说到中小学教师的时候是包括幼儿园教师的。

《教师法》第十条第一款规定："国家实行教师资格制度。"第十一条第一项规定："取得幼儿园教师资格，应当具备幼儿师范学校毕业及其以上学历"。《教师资格条例》第十二条规定："具备教师法规定的学历或者经教师资格考试合格的公民，可以依照本条例的规定申请认定其教师资格。"《教师资格条例》第十五条规定："申请认定教师资格，应当提交教师资格认定申请表和下列证明或者材料：(一)身份证明；(二)学历证书或者教师资格考试合格证明；(三)教育行政部门或者受委托的高等学校指定的医院出具的体格检查证明；(四)户籍所在地的街道办事处、乡人民政府或者工作单位、所毕业的学校对其思想品德、有无犯罪记录等方面情况的鉴定及证明材料。申请人提交的证明或者材料不全的，教育行政部门或者受委托的高等学校应当及时通知申请人于受理期限终止前补齐。教师资格认定申请表由国务院教育行政部门统一格式。"所以，想成为幼儿园教师，要遵守宪法和法律，热爱教育事业，具有良好的思想品德，具备应有的学历，并且要考取教师资格证。

(三)《职业教育法》

《职业教育法》于 1996 年 5 月 15 日由第八届全国人民代表大会常务委员会第十九次会议通过，自 1996 年 9 月 1 日起施行。2021 年 3 月，国务院常务会议通过《中华人民共和国职业教育法(修订草案)》[简称《职业教育法(修订草案)》]。2021 年 6 月 7 日，《职业教育法(修订草案)》首次提请全国人大常委会审议。该法共 5 章 40 条，规定了职业教育的地位、发展方针，职业教育的管理，职业教育体系，职业教育的实施，职业教育的条件保障等。

《职业教育法》第五条规定："公民有依法接受职业教育的权利。"第十三条规定："职业学校教育分为初等、中等、高等职业学校教育。初等、中等职业学校教育分别由初等、中等职业学校实施；高等职业学校教育根据需要和条件由高等职业学校实施，或者由普通高等学校实施。其他学校按照教育行政部门的统筹规划，可以实施同层次的职业学校教育。"公民有接受教育的权利，自然也有接受职业教育的权利。公民根据自身条件和发展需要，可以选择在普通学校学习，也可以选择在职业学校学习。接受职业学校教育的学生，经学校考核合格，按照国家有关规定，发给学历证书。职业学校的学生与普通学校的学生在升学和就业等方面享有同等的权利。

（四）《民办教育促进法》

学习笔记

《民办教育促进法》于 2002 年 12 月 28 日由第九届全国人民代表大会常务委员会第三十一次会议通过，2013 年 6 月 29 日第十二届全国人民代表大会常务委员会第三次会议第一次修正，2016 年 11 月 7 日第十二届全国人民代表大会常务委员会第二十四次会议第二次修正，2018 年 12 月 29 日第十三届全国人民代表大会常务委员会第七次会议第三次修正。该法共 10 章 67 条，包括总则、设立、学校的组织与活动、教师与受教育者、学校资产与财务管理、管理与监督、扶持与奖励、变更与终止、法律责任和附则。

民办教育指的是“国家机构以外的社会组织或者个人，利用非国家财政性经费，面向社会举办学校及其他教育机构的活动”。“民办教育事业属于公益性事业，是社会主义教育事业的组成部分。国家对民办教育实行积极鼓励、大力支持、正确引导、依法管理的方针。”因此，社会组织或个人可以兴办幼儿园。在民办教育在校生规模中，学前教育的占比最高(见图 1-1)。

《民办教育促进法》第十九条规定：“民办学校的举办者可以自主选择设立非营利性或者营利性民办学校。但是，不得设立实施义务教育的营利性民办学校。非营利性民办学校的举办者不得取得办学收益，学校的办学结余全部用于办学。营利性民办学校的举办者可以取得办学收益，学校的办学结余依照公司法等有关法律、行政法规的规定处理。民办学校取得办学许可证后，进行法人登记，登记机关应当依法予以办理。”民办教育实施分类管理，分为营利性与非营利性两类。因此，民办幼儿园可以设立为营利性的，也可以设立为非营利性的，类别不同，管理标准也不同。

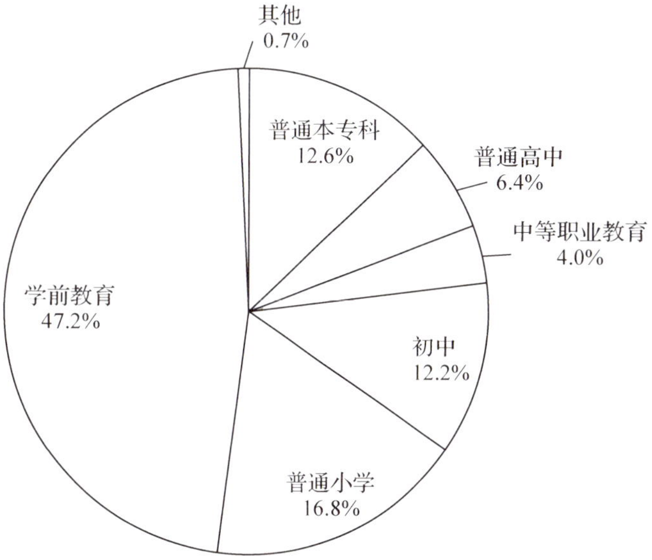

图 1-1　2019 年民办教育在校生规模结构①

民办学校的教师、受教育者与公办学校的教师、受教育者具有同等的法律地位。民办学校教职工在业务培训、职务聘任、教龄和工龄计算、表彰奖励、社会活动等方面依法享有与公办学校教职工同等的权利。民办学校的受教育者在升学、就业、社会优待以及参加先进评选等方面享有与同级同类公办学校的受教育者同等的权利。

四、依法治教 >>

（一）依法治教的内涵

依法治教，是指国家机关以及有关机构依照有关教育的法律规定，在其职权范围内从事有关教育的治理活动，以及各级各类学校及其他教育机构、社会组织

① 教育部：《2019 年全国教育事业发展统计公报》，http：//www.moe.gov.cn/jyb _ sjzl/sjzl _ fztjgb/202005/t20200520 _ 456751.html，2021-09-03。

学习笔记

和公民依照有关教育的法律规定，从事办学活动、教育教学活动及其他有关教育的活动。依法治教的活动一般包括教育立法、法律的宣传普及、教育行政执法、教育司法、教育法制监督以及教育法律的遵守、教育法学教育和研究等。

依法治教的主体，不仅包括各级行政机关，即各级人民政府，也包括各级权力机关、审判机关和检察机关，即各级人大及其常委会、法院和检察院；不仅包括各级教育行政部门，也包括各级政府的其他有关行政部门。我们不能把依法治教仅仅看成是政府的事情，更不能把它仅仅看成是教育行政部门的事情。各级人大及其常委会在其权限范围内制定有关教育的法律法规，审议有关教育经费的预算决算，听取政府有关教育工作的报告，检查教育法律的实施情况；人民法院依法审理有关教育的案件；人民检察院依法对人民法院审理有关教育的案件进行审判监督；政府的有关行政部门都在各自的职权范围内履行有关教育的管理职责。此外，有关机构根据法律法规的授权和国家机关的委托，可以在授权和委托的范围内从事特定的有关教育的执法活动。各级各类学校及其他教育机构、企业事业单位、社会团体及公民个人，虽然不是教育执法的主体，但都是与依法治教有着紧密关系的教育法律关系的主体，因而也是依法治教的重要法律关系的主体。

依法治教的范围，主要包括国家机关的有关教育的管理活动、各种社会组织和个人举办学校及其他教育机构的活动、学校及其他教育机构的办学活动、教师及其他教育工作者实施教育教学的活动、学生及其他受教育者参与教育教学的活动，以及各种社会组织和个人从事的有关教育的活动，还包括教育经费拨款、教育费附加的征收、举办校办产业、捐资助学等有关教育的活动。

依法治教的依据，不仅包括《教育法》《教师法》《义务教育法》《职业教育法》《学校卫生工作条例》《小学管理规程》等教育法律和法规、规章，也包括其他有关教育的法律和法规、规章，如《中华人民共和国行政诉讼法》《中华人民共和国国家赔偿法》《中华人民共和国妇女权益保护法》《中华人民共和国残疾人保障法》和《中华人民共和国行政处罚法》(简称《行政处罚法》)、《中华人民共和国未成年人保护法》(简称《未成年人保护法》)等与依法治教相关的法律法规。我们不能把依法治教的依据理解为只限于教育法律和法规、规章。①

综上，依法治教应理解为依法规范教育管理，把法作为规范教育管理的唯一标准和最高权威，必须依法而不是依据其他标准来实施教育管理行为。②

（二）依法治教的目标

教育部制定的《依法治教实施纲要(2016—2020年)》曾指出，到2020年，我国要形成系统完备、层次合理、科学规范、运行有效的教育法律制度体系，形成政府依法行政、学校依法办学、教师依法执教、社会依法评价、支持和监督教育发展的教育法治实施机制和监督体系。青少年学生法治教育体系健全完备，教育部门领导干部、校长、教师法律素质与依法办事能力显著提升，在全社会尊法守法的进程中发挥表率和模范带头作用。

根据“法治国家”的基本精神，健全的教育法治应是以一套完备的教育法律法

① 李连宁：《谈谈“依法治教”》，载《人民教育》，1997(3)。
② 史峰、李鹤飞：《对依法治教的几点思考》，载《人民论坛》，2012(11)。

规为核心，包括相应的法律实践和法律文化在内的法律系统。这是一个以行政法为主体，民法相配合，辅之以必要的刑法手段，并以其他法律手段为适当保障的完整的法律调控机制。实现依法治教，不仅需要制定完备的法律制度，而且需要使这些法律制度为广大公民所接受、认同并遵守运用。依法治教的目标主要包括以下几个方面。

有完善的法制保证贯彻国家对于教育的基本方针、原则，明确教育的地位和作用，规定教育的根本任务，使各级各类教育的培养目标、学制，各级各类学校的规格及其基本的管理制度规范化，为教育行政管理提供明确的依据和目标。

有完善的法制保障公民的受教育权利和全面发展的权利，使之不受任何机关、组织和他人的侵犯。在公民受教育权利受到损害时，有相应的法律措施予以救济。

有完善的法制保障学校的教学环境和教学秩序，改善办学条件，保护学校、教师和学生的合法权益。

有完善的立法制度和包括法律、行政法规、地方性法规在内的比较完备的教育法体系，保证教育工作的各个方面都有法可依，不同法律效力的法律规范协调发展，真正发挥其调节作用。

有明确的法律责任规定，做到执法必严、违法必究，有效地保护教育事业的健康发展，追究并处理违反教育法的行为。有完善的法律监督制度，对教育法的实施情况进行有效监督，同一切违法与犯罪行为做斗争。

有与现代法治相适应的法律文化，维护教育法所体现的价值原则，革除人治时弊，力促观念和思维方式的更新与转变，使现代社会的教育观念、法律观念融入人们的行为之中，形成实施教育法的良好文化氛围。①

（三）依法治教的任务

在教育立法方面，应构建完善的教育法律及制度体系。教育立法是立规矩、立秩序、立关系，从根本上说，是确立教育发展的责权利框架，为实现法治提供前提和基础。因此，教育法治工作首先要推动教育立法，解决“有法可依”问题，以提高质量和效率为核心，充分发挥立法先导功能。② 坚持教育立法和改革决策相衔接，做到重大改革于法有据，以法律规范引领和推动教育改革、促进和保障教育发展。坚持立、改、废、释并举，及时修订、完善教育法律法规和规章、规范性文件，一是要积极推进“六修五立”工作，二是要积极推动制定教育行政法规，三是要加快教育部门规章及相关配套文件建设。③ 教育立法不在多，而在精、在管用，越是强调法治，越是要提高立法质量，切实做到科学立法、民主立法、依法立法。恪守以人为本、立法为民理念，建立健全公开听证、公众参与、专家顾问咨询、委托第三方起草等制度，形成公开、民主、科学的立法程序和工作机制，着力提高教育法律法规和规章、规范性文件的制定质量。

在教育执法方面，深入推进教育部门依法行政。按照职能科学、权责法定、执法严明、公开公正、廉洁高效、守法诚信的要求，遵循管、办、评分离的总体

① 劳凯声：《“依法治教”是推动教育改革与发展的重要力量》，载《人民教育》，2014(21)。

② 陈宝生：《全面推进依法治教 为加快教育现代化、建设教育强国提供坚实保障——在全国教育法治工作会议上的讲话》，载《国家教育行政学院学报》，2019(1)。

③ 孙霄兵：《新常态下依法治教的思考》，载《国家教育行政学院学报》，2015(7)。

学习笔记

思路，加快形成法治化的教育行政管理体制，健全法律规范的实施与监督机制。执法是行政机关履行政府职能、管理经济社会事务的主要方式。但一直以来，教育部门不擅长执法，有些人甚至认为教育部门不是执法机关，没有行政执法权。当前和今后一个时期，教育法治工作面临的重要任务就是要让教育法律法规真正"长牙齿"，通过有效执法，使尊法守法护法成为自觉行动。具体而言，一是要配齐配强教育执法力量，二是要建立健全执法体制机制，三是要勇于善于创新监管方式。

在教育司法方面，健全教育领域纠纷处理机制。在法制的理念下，立法被置于主导的地位。但在法治的观念中，法律的治理才是中心，也就是说，法律真正得以适用才是关键。在从教育法制迈向教育法治的进程中，司法作为教育法实施的重要形式，能否或在多大范围和程度上介入教育案件，是判断教育法治化水平的重要表征之一。① 依法治教要求做好行政复议和行政应诉工作，提高通过司法途径化解纠纷、维护权益的能力。我国应积极探索建立在法治框架内的多元化矛盾纠纷解决机制，引导公民、法人和其他社会组织通过法治途径，合法合理表达诉求，妥善处理各类教育纠纷；建立健全教育系统的法律顾问制度，依法积极应对诉讼纠纷，尊重司法监督；完善教育行政复议案件处理机制，规范办案流程，加大公开听证审理力度，依法加强对下级教育行政部门的层级监督。

在教育普法方面，大力增强教育系统法治观念。十八届四中全会通过的《中共中央关于全面推进依法治国若干重大问题的决定》明确要求"把法治教育纳入精神文明创建内容，开展群众性法治文化活动，健全媒体公益普法制度，加强新媒体新技术在普法中的运用，提高普法实效"。这是中央站在推进依法治国的战略高度，对教育工作提出的新要求。要着力突出宪法教育的核心地位，发挥课堂主渠道作用、学校主阵地作用，扎实推进青少年法治教育。深入开展教育系统领导干部、学校校长和教师的法治宣传教育工作。研究制定教育部门干部、校长、教师法治教育大纲，明确培训要求。继续推进中小学校长、骨干教师全员法治教育培训，实施中小学法治教育专任教师能力提高工程，组织高校系统培训中小学法治专任教师。教育系统广大干部、师生，特别是领导干部要牢固树立社会主义法治观念，自觉办事依法、遇事找法、解决问题靠法，自觉守法、抵制违法，成为社会主义法治的忠实崇尚者、自觉遵守者、坚定捍卫者。②

全面推进依法治校，提高学校治理法治化水平。学校在教育法治框架中的角色尤为特殊，作为数量最多的建制性机构，它与其他教育主体的关系极为密切。因此，依法治校的推进力度直接决定了依法治教的实现程度。在关于依法治教的若干政策文件中，依法治校不仅作为依法治教的一项基本原则被确立下来，而且与教育立法、行政、守法等并列，共同作为依法治教的具体工作内容。③ 深入推进各级各类学校依法治校是全面依法治教的重要组成部分，也是建立依法办学、自主管理、民主监督、社会参与的现代学校制度，构建政府、学校、社会之间新

---

① 申素平、周航、郝盼盼：《改革开放40年我国教育法治建设的回顾与展望》，载《教育研究》，2018(8)。

② 教育部：《依法治教实施纲要(2016—2020年)》，http://www.moe.gov.cn/srcsite/A02/s5913/s5933/201605/t20160510_242813.html，2021-09-03。

③ 靳澜涛：《依法治教与依法治校的逻辑审视与现实观照》，载《现代教育管理》，2021(1)。

学习笔记

型关系的必由之路。各级各类学校要进一步提高认识，学校领导要进一步重视依法治校，使学校的办学、管理、教育教学都符合法治的要求。学校领导谋划工作要运用法治思维，处理问题要运用法治方式，说话做事要先考虑是不是合法，做到在法治之下而不是在法治之外更不是在法治之上想问题、做决策、办事情。目前所有高校和大部分中小学都已经制定了章程，下一步要聚焦有没有真正按章程办事治校、章程是不是真管用，要大力推进学校依章程自主办学，把工作重点从章程制定转向章程实施。要加强对校内制度建设的统筹规划，健全学术委员会、教职工代表大会、理事会等制度，提高制度建设质量，推动形成以章程为核心，规范统一、分类科学、层次清晰、运行高效的学校制度体系。

思考与应用

1. 教育法的渊源有哪几种形式？
2.《宪法》是怎么规定公民的受教育权的？
3. 我国现行的由全国人大及其常委会制定的教育法律有哪几部？
4. 在我国，制定教育行政法规的机关是(　　)。

A. 国务院　　　　B. 全国人民代表大会

C. 国务院各部、委、局　　　　D. 全国人民代表大会常务委员会

5. 我国教育领域的基本法是什么？
6. 专门规定教师的权利与义务的法律是什么？
7. 依法治教包括哪几个方面的内容？
8. 当教师的合法权益受到侵犯时，可以通过什么法律途径维权？

学习主题三 我国学前教育政策与法规

一、我国学前教育政策与法规的历史沿革 >>>>>>>>>>>>>>

学习笔记

1978 年党的十一届三中全会以来的 40 余年，是中国特色社会主义取得伟大成就的 40 余年，是中国法治发展波澜壮阔的 40 余年。40 余年间，中国法治建设历经法制创建新时期(1978—1997 年)、依法治国新阶段(1997—2012 年)、全面依法治国新时代(2012 年至今)三个历史阶段，发生了三次历史性飞跃。[1] 改革开放 40 余年来，教育立法也经历了三次变迁，分别是“恢复与发展：改革开放初期的教育立法(1978—1993 年)”“活跃与繁荣：市场经济体制建立时期的教育立法(1993—

① 张文显：《中国法治 40 年：历程、轨迹和经验》，载《吉林大学社会科学学报》，2018(5)。

学习笔记

2002 年)”和“巩固与完善：新时期的教育立法(2002 年至今)”。[①] 从我国法治建设的特点和教育立法的整体进程出发，以学前教育政策与法规演变的内部规律为依据，我们将改革开放 40 余年来学前教育政策法规的演进划分为四个阶段：1978—1988 年为学前教育政策与法规的形成期，1989—2009 年为学前教育政策与法规的发展期，2010—2018 年为学前教育政策与法规的完善期，2018 年以来学前教育与政策法规发展进入新时代。

(一)1978—1988 年：学前教育政策与法规的形成期

1979 年 7 月 24 日至 8 月 7 日，针对园所数量少、保教质量低等问题，教育部、卫生部、劳动总局、全国总工会和全国妇联联合召开了全国托幼工作会议，会议建议国务院设立托幼工作领导小组，由此拉开了规范学前教育发展的序幕。1979 年 11 月 8 日，教育部印发的《城市幼儿园工作条例(试行草案)》是我国改革开放后颁布的第一个幼教规章。1985 年，《中共中央关于教育体制改革的决定》提出要努力发展幼儿教育。1987 年 10 月，全国幼教工作会议召开，这是新中国成立以来第一次有关幼儿教育的专门会议。会议明确提出幼儿教育是一项社会公共福利事业，各级政府都应重视幼儿教育的改革与发展。1988 年 8 月 15 日，国务院办公厅转发《关于加强幼儿教育工作的意见》，指出幼儿教育是我国社会主义教育事业的一个重要组成部分。它作为学校教育的预备阶段，从小对幼儿有目的地施加教育影响，有利于促进幼儿身心健康发展，对提高民族素质具有深远意义；同时，举办幼儿园有利于解决劳动者后顾之忧，为他们安心参加社会主义建设提供便利条件，因而也是一项具有社会公共福利性质的工作。1978—1988 年的学前教育政策法规具有恢复性特点，该时期的不少政策都以草案形式出台，反映了党的十一届三中全会之后幼儿教育的发展对政策出台的急迫需要。[②]

(二)1989—2009 年：学前教育政策与法规的发展期

1989 年 6 月 5 日，国家教育委员会发布《幼儿园工作规程(试行)》。经过 6 年多的试行，1996 年 3 月，《幼儿园工作规程》正式颁布实施。规程的颁布，对加强幼儿园内部的科学管理、提高保育和教育质量起着重要作用。《幼儿园管理条例》于 1989 年 8 月经国务院批准颁布，自 1990 年 2 月 1 日起施行。该条例是新中国成立以来第一个经国务院批准颁发的学前教育行政法规。2003 年 3 月，国务院办公厅转发了十部委《关于幼儿教育改革与发展的指导意见》，该文件描绘了 21 世纪初我国幼儿教育改革与发展的目标。2006 年 6 月，教育部等十部门出台《中小学幼儿园安全管理办法》，为幼儿园的安全提供了法律保障。这一时期学前教育政策法规的特点是：在我国整体有序推进法制化建设的进程中，学前教育法制化建设迈上新台阶，其标志就是《幼儿园工作规程》和《幼儿园管理条例》的出台与实施。

(三)2010—2018 年：学前教育政策与法规的完善期

2010 年 7 月 29 日，《国家中长期教育改革和发展规划纲要(2010—2020 年)》正式颁布。该纲要将学前教育专章陈述，明确提出了到 2020 年的发展目标。为贯

① 湛中乐、靳澜涛：《新中国成立 70 年来教育立法变迁及其制度发展》，载《中国人民大学教育学刊》，2019(4)。

② 张利洪：《改革开放 40 年我国学前教育政策法规的历程、成就与反思》，载《陕西师范大学学报(哲学社会科学版)》，2019(1)。

学习笔记

彻落实纲要精神，2010 年 11 月 21 日，《国务院关于当前发展学前教育的若干意见》(俗称“国十条”)出台。该意见就学前教育体制、经费投入与管理、幼儿园管理与安全监管、统筹规划等作出了部署，成为新时期发展学前教育的总纲领，也拉开了我国学前教育政策法规密集出台的序幕。为落实“国十条”，2011—2013 年，各地按照国务院统一部署，以县为单位编制实施学前教育三年行动计划。2014—2016 年实施了第二期学前教育三年行动计划，2017—2020 年实施了第三期学前教育三年行动计划。经过三期学前教育三年行动计划，学前教育改革发展取得显著成效，资源快速扩大，财政投入不断增加，教师队伍建设逐步加强，“入园难”问题逐步缓解。2010 年 9 月 6 日，卫生部、教育部出台了《托儿所幼儿园卫生保健管理办法》。2016 年 1 月 5 日，教育部发布修订后的《幼儿园工作规程》，自 2016 年 3 月 1 日起实施。该时期的学前教育政策法规具有如下特点：一是文件出台的密度大、数量多，该时期 8 年出台的政策法规超过了过去几十年的总和；二是政策文件的针对性和全面性强，文件内容涉及教育教学、幼儿师资和学前教师教育、经费投入、园所设施与标准、卫生安全管理等。

(四)2018 年以来：学前教育政策与法规发展进入新时代

2018 年 11 月 7 日，《中共中央 国务院关于学前教育深化改革规范发展的若干意见》对新时代学前教育深化改革规范发展作出重大决策部署，进一步明确了学前教育改革发展的前进方向和重大举措。以中共中央、国务院名义专门印发关于学前教育工作的若干意见，这在新中国成立以来还是第一次，具有重要的里程碑意义。该文件是党中央对新时代学前教育改革发展的顶层设计和重大部署，是贯彻落实党的十九大“办好学前教育”、实现“幼有所育”的实际行动，进一步确立了学前教育公益普惠的基本方向和发展目标，进一步完善了学前教育政策保障体系，包括资源供给、经费投入、教师队伍建设等政策保障，进一步强化了完善监管体系、规范办园行为、提高办园质量等方面的规定要求。①

《中共中央 国务院关于学前教育深化改革规范发展的若干意见》第三十四条提出：“研究制定学前教育法。加快推进学前教育立法，进一步明确学前教育在国民教育体系中的地位和公益普惠属性，强化政府和各有关部门在学前教育规划、投入、资源配置、师资队伍建设和监管等方面的责任，明确举办者对幼儿园办园条件、师资聘任、工资待遇、运转保障、经费使用与财务管理等方面的责任，促进学前教育事业健康可持续发展。加大对违法违规办园行为的惩治力度，推进学前教育走上依法办园、依法治教的轨道，保障幼儿身心健康成长。”2020 年 9 月 7 日，教育部发布关于《中华人民共和国学前教育法草案(征求意见稿)》公开征求意见的公告，学前教育法呼之欲出，我国学前教育治理将迈入法治化的新时代。

二、我国现行主要学前教育政策与法规 >>>>>>>>>>>>>>>>>>>

(一)《幼儿园管理条例》

《幼儿园管理条例》于 1989 年 8 月 20 日经国务院批准，1989 年 9 月 11 日由国

① 《〈中共中央 国务院关于学前教育深化改革规范发展的若干意见〉有关情况介绍》，http://www.gov.cn/xinwen/2019-04/18/content_5384489.htm，2021-09-03。

学习笔记

家教育委员会令第4号发布，自1990年2月1日起施行。《幼儿园管理条例》是学前教育领域的第一部行政法规，也是学前教育法出台之前，学前教育领域最高层级的专门性法律规范文件。《幼儿园管理条例》共6章32条，包括总则、举办幼儿园的基本条件和审批程序、幼儿园的保育和教育工作、幼儿园的行政事务、奖励与处罚、附则。

关于管理的对象，《幼儿园管理条例》第二条规定："本条例适用于招收三周岁以上学龄前幼儿，对其进行保育和教育的幼儿园。"

举办幼儿园的基本条件，包括硬件和软件两个方面。硬件主要指园舍和设施，软件主要指师资力量。《幼儿园管理条例》第八条规定："举办幼儿园必须具有与保育、教育的要求相适应的园舍和设施。幼儿园的园舍和设施必须符合国家的卫生标准和安全标准。"第九条规定："举办幼儿园应当具有符合下列条件的保育、幼儿教育、医务和其他工作人员：(一)幼儿园园长、教师应当具有幼儿师范学校(包括职业学校幼儿教育专业)毕业程度，或者经教育行政部门考核合格。(二)医师应当具有医学院校毕业程度，医士和护士应当具有中等卫生学校毕业程度，或者取得卫生行政部门的资格认可。(三)保健员应当具有高中毕业程度，并受过幼儿保健培训。(四)保育员应当具有初中毕业程度，并受过幼儿保育职业培训。慢性传染病、精神病患者，不得在幼儿园工作。"

幼儿园的保育和教育工作应当促进幼儿在体、智、德、美诸方面和谐发展。《幼儿园管理条例》第十三条规定："幼儿园应当贯彻保育与教育相结合的原则，创设与幼儿的教育和发展相适应的和谐环境，引导幼儿个性的健康发展。幼儿园应当保障幼儿的身体健康，培养幼儿的良好生活、卫生习惯；促进幼儿的智力发展；培养幼儿热爱祖国的情感以及良好的品德行为。为保障幼儿的安全，幼儿园应当建立卫生保健和安全防护制度，严禁幼儿教师体罚和变相体罚幼儿。"

幼儿园的行政事务主要是幼儿园的管理和收费。《幼儿园管理条例》第二十三条规定："幼儿园园长负责幼儿园的工作。幼儿园园长由举办幼儿园的单位或个人聘任，并向幼儿园的登记注册机关备案。幼儿园的教师、医师、保健员、保育员和其他工作人员，由幼儿园园长聘任，也可由举办幼儿园的单位或个人聘任。"第二十四条规定："幼儿园可以依据本省、自治区、直辖市人民政府制定的收费标准，向幼儿家长收取保育费、教育费。幼儿园应当加强财务管理，合理使用各项经费，任何单位和个人不得克扣、挪用幼儿园经费。"

幼儿园的奖励适用于以下三种情形：(1)改善幼儿园的办园条件成绩显著的；(2)保育、教育工作成绩显著的；(3)幼儿园管理工作成绩显著的。幼儿园的处罚适用于以下六种情形：(1)体罚或变相体罚幼儿的；(2)使用有毒、有害物质制作教具、玩具的；(3)克扣、挪用幼儿园经费的；(4)侵占、破坏幼儿园园舍、设备的；(5)干扰幼儿园正常工作秩序的；(6)在幼儿园周围设置有危险、有污染或者影响幼儿园采光的建筑和设施的。如有应受处罚的情形，由教育行政部门对直接责任人员给予警告、罚款的行政处罚，或者由教育行政部门建议有关部门对责任人员给予行政处分。

(二)《幼儿园工作规程》

《幼儿园工作规程》共有3个版本。第一个版本是1989年国家教育委员会令第

学习笔记

2 号发布的《幼儿园工作规程(试行)》；第二个版本是 1996 年国家教育委员会令第 25 号发布的《幼儿园工作规程》；第三个版本是 2015 年 12 月 14 日第 48 次部长办公会议审议通过，教育部令第 39 号公布，自 2016 年 3 月 1 日起施行的《幼儿园工作规程》。

《幼儿园工作规程》是我国第一部规范幼儿园内部管理的规章。在过去的 30 多年中，《幼儿园工作规程》不仅在加强和规范幼儿园管理方面发挥了重要的作用，而且是深化幼儿园教育改革、提升保教质量的重要指导性文件。随着经济社会的发展、教育改革的不断深入，学前教育事业发展迅速，幼儿园教育的内外环境和条件也发生了巨大变化。因此，《幼儿园工作规程》需要在新的形势下进行调整，不断推进幼儿园内部管理和办园行为的规范化，促进幼儿园保教质量不断提升。在此背景下，2016 年的《幼儿园工作规程》以幼儿为逻辑中心，重新定位了幼儿园与家庭的关系；高度关注"幼儿园安全"，要求多方切实捍卫幼儿的生存权、发展权；把幼儿作为教育的原点，强调从幼儿的视角出发来组织和实施教育活动等等。这些变化充分说明，"幼儿为本"是新规程的核心理念。①

2016 年的《幼儿园工作规程》共 11 章 66 条，包括：总则，幼儿入园和编班，幼儿园的安全，幼儿园的卫生保健，幼儿园的教育，幼儿园的园舍、设备，幼儿园的教职工，幼儿园的经费，幼儿园、家庭和社区，幼儿园的管理，附则。

《幼儿园工作规程》第五条规定："幼儿园保育和教育的主要目标是：(一)促进幼儿身体正常发育和机能的协调发展，增强体质，促进心理健康，培养良好的生活习惯、卫生习惯和参加体育活动的兴趣。(二)发展幼儿智力，培养正确运用感官和运用语言交往的基本能力，增进对环境的认识，培养有益的兴趣和求知欲望，培养初步的动手探究能力。(三)萌发幼儿爱祖国、爱家乡、爱集体、爱劳动、爱科学的情感，培养诚实、自信、友爱、勇敢、勤学、好问、爱护公物、克服困难、讲礼貌、守纪律等良好的品德行为和习惯，以及活泼开朗的性格。(四)培养幼儿初步感受美和表现美的情趣和能力。"

《幼儿园工作规程》第二十五条规定："幼儿园教育应当贯彻以下原则和要求：(一)德、智、体、美等方面的教育应当互相渗透，有机结合。(二)遵循幼儿身心发展规律，符合幼儿年龄特点，注重个体差异，因人施教，引导幼儿个性健康发展。(三)面向全体幼儿，热爱幼儿，坚持积极鼓励、启发引导的正面教育。(四)综合组织健康、语言、社会、科学、艺术各领域的教育内容，渗透于幼儿一日生活的各项活动中，充分发挥各种教育手段的交互作用。(五)以游戏为基本活动，寓教育于各项活动之中。(六)创设与教育相适应的良好环境，为幼儿提供活动和表现能力的机会与条件。"

《幼儿园工作规程》第四十条第三款规定："幼儿园园长负责幼儿园的全面工作，主要职责如下：(一)贯彻执行国家的有关法律、法规、方针、政策和地方的相关规定，负责建立并组织执行幼儿园的各项规章制度；(二)负责保育教育、卫生保健、安全保卫工作；(三)负责按照有关规定聘任、调配教职工，指导、检查和评估教师以及其他工作人员的工作，并给予奖惩；(四)负责教职工的思想工作，

① 陈小慧、杨日飞：《"幼儿为本"：新〈幼儿园工作规程〉的核心理念》，载《现代教育论丛》，2017(3)。

学习笔记

组织业务学习，并为他们的学习、进修、教育研究创造必要的条件；(五)关心教职工的身心健康，维护他们的合法权益，改善他们的工作条件；(六)组织管理园舍、设备和经费；(七)组织和指导家长工作；(八)负责与社区的联系和合作。”

《幼儿园工作规程》第四十一条第三款规定：“幼儿园教师对本班工作全面负责，其主要职责如下：(一)观察了解幼儿，依据国家有关规定，结合本班幼儿的发展水平和兴趣需要，制订和执行教育工作计划，合理安排幼儿一日生活；(二)创设良好的教育环境，合理组织教育内容，提供丰富的玩具和游戏材料，开展适宜的教育活动；(三)严格执行幼儿园安全、卫生保健制度，指导并配合保育员管理本班幼儿生活，做好卫生保健工作；(四)与家长保持经常联系，了解幼儿家庭的教育环境，商讨符合幼儿特点的教育措施，相互配合共同完成教育任务；(五)参加业务学习和保育教育研究活动；(六)定期总结评估保教工作实效，接受园长的指导和检查。”

在管理上，幼儿园实行园长负责制。幼儿园应当建立园务委员会。园务委员会由园长、副园长、党组织负责人和保教、卫生保健、财会等方面工作人员的代表以及幼儿家长代表组成。园长任园务委员会主任。园长定期召开园务委员会会议，遇重大问题可临时召集，对规章制度的建立、修改、废除，全园工作计划，工作总结，人员奖惩，财务预算和决算方案以及其他涉及全园工作的重要问题进行审议。

在家园合作方面，幼儿园应当建立幼儿园与家长联系的制度。幼儿园可采取多种形式，指导家长正确了解幼儿园保育和教育的内容、方法，定期召开家长会议，并接待家长的来访和咨询。幼儿园应当认真分析、吸收家长对幼儿园教育与管理工作的意见与建议。幼儿园应当建立家长开放日制度。

(三)《中小学幼儿园安全管理办法》

根据教育法律法规和国务院的有关规定，教育部、公安部、司法部、建设部、交通部、文化部、卫生部、工商总局、质检总局、新闻出版总署制定了《中小学幼儿园安全管理办法》，2006 年 6 月 30 日发布，自 2006 年 9 月 1 日起施行。《中小学幼儿园安全管理办法》共 9 章 66 条，包括总则、安全管理职责、校内安全管理制度、日常安全管理、安全教育、校园周边安全管理、安全事故处理、奖励与责任、附则。《中小学幼儿园安全管理办法》是学前教育安全领域唯一一部规章，对幼儿园的安全问题作出了全面规定。

《中小学幼儿园安全管理办法》第四条规定：“学校安全管理工作主要包括：(一)构建学校安全工作保障体系，全面落实安全工作责任制和事故责任追究制，保障学校安全工作规范、有序进行；(二)健全学校安全预警机制，制定突发事件应急预案，完善事故预防措施，及时排除安全隐患，不断提高学校安全工作管理水平；(三)建立校园周边整治协调工作机制，维护校园及周边环境安全；(四)加强安全宣传教育培训，提高师生安全意识和防护能力；(五)事故发生后启动应急预案、对伤亡人员实施救治和责任追究等。”

学校在日常的教育教学活动中应当遵循教学规范，落实安全管理要求，合理预见、积极防范可能发生的风险。幼儿园应当严格执行国家和地方幼儿园安全管理的相关规定，建立健全门卫、房屋、设备、消防、交通、食品、药物、幼儿接送交接、活动组织和幼儿就寝值守等安全防护和检查制度，建立安全责任制和应急预案。学校应当按照国家课程标准和地方课程设置要求，将安全教育纳入教学内容，对学生开展安全教育，培养学生的安全意识，提高学生的自我防护能力。发生学生伤害事故时，学校应当按照《学生伤害事故处理办法》规定的原则和程序等，及时实施救助，并进行妥善处理。

案例与思考

未将幼儿交给监护人，出交通事故，幼儿园担责

原告高甲是某中心幼儿园的学生，中心幼儿园负责对高甲进行接送。2001 年 11 月 28 日，被告中心幼儿园接送高甲的汽车将高甲放在东智北村的路口时，在未见到高甲的法定监护人的情况下，将高甲交付给姐姐高乙，高乙当年 12 岁。姐妹二人在穿越公路时，被由北向南驶来的小客车撞伤，导致高甲膝外翻畸形(右)，双股骨干骨折，经伤残鉴定，丧失劳动能力 30%；高乙大腿骨折。后高甲的父母起诉幼儿园，要求赔偿高乙住院伙食补助费 980 元，交通费 775 元，通信费 9 元；要求赔偿高甲医疗费 17608.79 元。

法院经审理认为：公民的生命权、健康权、身体权受法律保护。对未成年人依法负有教育、管理、保护义务的学校、幼儿园或者其他教育机构，未尽职责范围内的相关义务致使未成年人遭受人身损害，或者未成年人致他人人身损害的，应当承担与其过错相应的赔偿责任。第三人侵权致未成年人遭受人身损害的，应当承担赔偿责任。学校、幼儿园等教育机构有过错的，应当承担相应的补充赔偿责任。2001 年 11 月 28 日发生的此次交通事故，经交通大队认定，高乙和高甲的监护人负此次事故的主要责任，小客车驾驶员史某某负次要责任，史某某系某公司的职员，故某公司应承担赔偿二原告合理经济损失的责任，经调查，某公司已履行了赔偿义务。中心幼儿园对其学生负有教育、管理、保护义务，由于该园校车未将学生高甲送至其成年家属的监护范围内，故仍对高甲负有义务，高甲因交通事故遭受身体损害，中心幼儿园有过错，应当承担相应的赔偿责任。

●讨论与思考：法院判决幼儿园承担责任的法律依据是什么？

三、现行学前教育政策与法规及其完善 >>>>>>>>>>>>>>>>>>>>

学习笔记

现行学前教育政策与法规主要是 1 部行政法规(《幼儿园管理条例》)和 2 部部门规章(《中小学幼儿园安全管理办法》和《幼儿园工作规程》)，但现行学前教育政策与法规无法适应学前教育的快速发展，不能给学前教育提供足够的政策支持和保障。《幼儿园管理条例》制定于 1989 年，其后也未进行修订，其中的有些内容已滞后于时代的要求。《中小学幼儿园安全管理办法》和《幼儿园工作规程》都只是教育部的部门规章，政策文件的层级较低，无法与学前教育的重要性完全匹配，在义务教育和高等教育都有法律的情况下，更显出提升学前教育政策保障力度的重要性。加快推进学前教育法立法进程，不仅是解决我国当前学前教育事业发展中诸多根本性问题的现实选择，而且是保障其健康、有序、可持续发展的迫切需要。①

党的十八大以来，在以习近平同志为核心的党中央的领导下，各地以县为单

① 庞丽娟：《加快推进〈学前教育法〉立法进程》，载《教育研究》，2011(8)。

学习笔记

位连续实施三期学前教育行动计划，扎实推进学前教育改革发展，取得了显著的成绩。学前教育的资源迅速扩大，普及水平大幅提升，到 2017 年全国幼儿园共有 25.5 万所，在园幼儿 4600 万人，学前教育毛入园率达到 79.6%，比 2012 年提高了 15.1 个百分点。① 2020 年，学前教育毛入园率达到 85.2%，在园幼儿 4818.26 万人。② 可以说“入园难”的问题得到了有效的缓解。但是从总体上看，学前教育仍然是我们整个教育体系的短板，发展不平衡、不充分的问题十分突出。学前教育还存在着普惠性资源不足、政策保障体系不完善、教师队伍建设滞后、监管体系机制不健全、保教质量有待提高、部分民办园过度逐利等突出问题。“入园难”“入园贵”仍然是困扰老百姓的烦心事之一。所以，学前教育迫切需要深化改革、规范发展。

党中央、国务院高度重视学前教育事业。习近平总书记在党的十九大报告中强调要“办好学前教育”，并把实现“幼有所育”作为“七有”重大民生问题之首，作出了重要批示，要求加强学前教育的系统谋划。李克强总理主持国务院常务会议，专门听取了学前教育工作的汇报，强调要多渠道增加学前教育资源的供给。

小知识

《中共中央　国务院关于学前教育深化改革规范发展的若干意见》
起草的主要背景和过程

为了认真贯彻落实党的十九大精神和习近平总书记、李克强总理的重要指示精神，教育部会同中央编办等 9 个部门对全国 13 个省(市)学前教育工作情况进行了实地调研，同时部署 31 个省份和新疆生产建设兵团对本地学前教育事业发展的情况进行了全面摸底，委托驻外教育处组、有关研究机构和有关专家对国外学前教育进行了专题研究。在全面系统分析调研、广泛听取各方面意见的基础上，针对当前学前教育面临的一些突出问题，研究提出了新时代关于学前教育深化改革规范发展的若干意见。文件于 2018 年 7 月提交中央深改委第三次会议进行了审议，习近平总书记亲自主持了这次会议。

学习笔记

(一)多渠道增加普惠性学前教育资源，保障适龄儿童接受学前教育的权利

《中共中央 国务院关于学前教育深化改革规范发展的若干意见》提出，到 2020 年，全国学前三年毛入园率达到 85%，普惠性幼儿园覆盖率(公办园和普惠性民办园在园幼儿占比)达到 80%。为了让更多适龄儿童接受学前教育，保障适龄儿童接受学前教育的权利，国家采取了一系列举措，多渠道增加普惠性学前教育资源。第一，实施学前教育专项。国家继续实施学前教育行动计划，逐年安排建设一批普惠性幼儿园。第二，积极挖潜、扩大增量。鼓励支持街道、村集体、有实力的国有企事业单位特别是普通高等学校举办公办园。第三，规范小区配套幼儿园建设使用。配套幼儿园与首期建设的居民住宅区同步规划、同步设计、同步建设、

① 教育部：《解读〈中共中央 国务院关于学前教育深化改革规范发展的若干意见〉，介绍有关情况[文字实录]》，http://www.moe.gov.cn/jyb_xwfb/xw_fbh/moe_2069/xwfbh_2018n/xwfb_20181128/201811/t20181128_361651.html，2021-09-08。

② 教育部：《2020 年全国教育事业发展统计公报》，http://www.moe.gov.cn/jyb_sjzl/sjzl_fztjgb/202108/t20210827_555004.html，2021-09-13。

学习笔记

同步验收、同步交付使用，由当地政府统筹安排，办成公办园或委托办成普惠性民办园，不得办成营利性幼儿园。第四，鼓励社会力量办园。政府加大扶持力度，引导社会力量更多举办普惠性幼儿园。各地要把发展普惠性学前教育作为重点任务，着力构建以普惠性资源为主体的办园体系。

（二）加大学前教育投入力度，健全学前教育成本分担机制

学前教育是学校教育制度的起始阶段，是国民教育体系的重要组成部分，是重要的社会公益事业。发展学前教育应当坚持政府主导，以政府举办为主，大力发展普惠性学前教育。国家普及学前教育，构建覆盖城乡、布局合理、公益普惠的学前教育公共服务体系。学前教育的发展离不开资金的投入，资金一方面来自政府的财政投入，另一方面来自幼儿家庭的投入。学前教育不是义务教育，目前做不到完全免费，因此学前教育成本还需要政府和家庭来分担。政府正逐步加大对学前教育的投入力度，例如：逐步提高学前教育财政投入和支持水平，主要用于扩大普惠性资源、补充配备教师、提高教师待遇、改善办园条件；完善学前教育资助制度，确保接受普惠性学前教育的家庭经济困难儿童、孤儿和残疾儿童得到资助。

（三）加强幼儿园教师队伍建设，提高幼儿教师待遇和地位

2018 年 1 月 20 日出台的《中共中央 国务院关于全面深化新时代教师队伍建设改革的意见》指出，教师承担着传播知识、传播思想、传播真理的历史使命，肩负着塑造灵魂、塑造生命、塑造人的时代重任，是教育发展的第一资源，是国家富强、民族振兴、人民幸福的重要基石。其中第十一条提出“全面提高幼儿园教师质量，建设一支高素质善保教的教师队伍”。2018 年 9 月 10 日，习近平总书记在全国教育大会上提出“九个坚持”，其中之一便是“坚持把教师队伍建设作为基础工作”。学前教育也是如此。学前教育要公平优质发展，离不开一支高素质、专业化的幼儿园教师队伍。加强幼儿园教师队伍建设，一方面要做好培养工作，让更多优秀人才进入幼儿园教师队伍；另一方面要做好培训工作，提升现有幼儿教师的素质和水平。

在培养方面，要完善幼儿教师培养体系。办好一批幼儿师范专科学校和若干所幼儿师范学院，支持师范院校设立学前教育专业，培养热爱学前教育事业、以幼儿为本、才艺兼备、擅长保教的高水平幼儿教师。创新幼儿教师培养模式，前移培养起点，大力培养初中毕业起点的五年制专科层次幼儿教师。优化幼儿教师培养课程体系，突出保教融合，科学开设儿童发展、保育活动、教育活动类课程，强化实践性课程，培养学前教育师范生综合能力。在培训方面，建立幼儿教师全员培训制度，切实提升幼儿教师科学保教能力。加大幼儿园园长、乡村幼儿园教师、普惠性民办幼儿教师的培训力度。创新幼儿教师培训模式，依托高等学校和优质幼儿园，重点采取集中培训与跟岗实践相结合的方式培训幼儿教师。鼓励师范院校与幼儿园协同建立幼儿教师培养培训基地。

依法保障幼儿教师地位和待遇，提升幼儿教师职业吸引力。幼儿及其举办者应当按照国家相关规定保障教师和其他工作人员的工资福利、社会保险待遇，改善工作和生活条件。县级以上地方人民政府应当将公办幼儿园教师工资纳入财政

学习笔记

保障范畴。民办幼儿园应当参照当地公办幼儿园同类教师工资收入水平合理确定教师薪酬标准，依法保障教师工资待遇，依法缴纳社会保险。幼儿教师在职称评定、岗位聘任(用)等方面享有与中小学教师同等的待遇。根据学前教育特点和幼儿教师专业标准，完善幼儿教师职称评聘标准，畅通职称评聘通道，提高高级职称比例。对作出突出贡献的幼儿园园长、教师，按照国家有关规定予以表彰和奖励。

(四)规范幼儿园办园行为，提高幼儿园保教质量

在全面推进依法治国的进程中，教育领域也要做到依法治教、依法治校、依法执教。对幼儿园而言，就是要做到依法办园、规范办园。国家要完善监管体系，严格依法对幼儿园的办园行为进行规范。首先是落实监管责任，建立健全教育部门主管、各有关部门分工负责的监管机制，建设一支与学前教育事业发展规模和监管任务相适应的专业化管理队伍。其次是加强源头监管，严格幼儿园准入管理，依据国家基本标准调整、完善幼儿园设置标准，严格掌握审批条件，加强对教职工资质与配备标准、办园条件等方面的审核。再次是完善过程监管，强化对幼儿园教职工资质与配备、收费行为、安全防护、卫生保健、保教质量、经费使用以及财务管理等方面的动态监管，完善年检制度。最后是强化安全监管，落实相关部门对幼儿园的安全保卫和监管责任，提升人防、物防、技防能力，建立全覆盖的幼儿园安全风险防控体系。

习近平总书记指出，人民对美好生活的向往，就是我们的奋斗目标。在教育领域，让每个孩子享有公平而有质量的教育，就是我们的奋斗目标。学前教育要提高幼儿园保教质量，为学生的德智体美劳全面发展奠基。优质教育是学前教育的根本追求，只有不断提升教育质量，才能促进幼儿健康成长。① 提高幼儿园保教质量，主要应从以下几个方面着力：一是全面改善办园条件。幼儿园园舍条件、玩教具和幼儿图书配备应达到规定要求。二是注重保教结合。幼儿园要遵循幼儿身心发展规律，坚决克服和纠正“小学化”倾向，树立科学保教理念，建立良好师幼关系。三是完善学前教育教研体系。健全各级学前教育教研机构，充实教研队伍，落实教研指导责任区制度，加强园本教研、区域教研，及时解决幼儿教师在教育实践过程中的困惑和问题。四是健全质量评估监测体系。完善幼儿园质量评估标准，将各类幼儿园全部纳入质量评估范畴，定期向社会公布评估结果。

(五)鼓励、引导、规范社会力量办园，充分调动各方面积极性

社会力量办园在我国学前教育事业中发挥了重要作用，对于保障适龄儿童接受学前教育的权利作出了重要贡献。根据教育部发布的《2019 年全国教育事业发展统计公报》，全国共有幼儿园 28.12 万所，比上年增加 1.45 万所，增长 5.44%。学前教育入园幼儿 1688.23 万人；在园幼儿 4713.88 万人，比上年增加 57.46 万人，增长 1.23%。学前教育毛入园率达到 83.4%，比上年提高 1.7 个百分点。其中，民办幼儿园 17.32 万所，比上年增加 7457 所，增长 4.50%；入园儿童

① 虞永平：《努力发展以质量为导向的学前教育——学习〈中共中央　国务院关于学前教育深化改革规范发展的若干意见〉的体会》，载《幼儿教育(教育教学)》，2019(1)。

904.68 万人；在园幼儿 2649.44 万人，比上年增加 9.66 万人，增长 0.37%。[①] 民办幼儿园占据中国学前教育的半壁江山，地位举足轻重。

学习笔记

国家对民办园的政策，一方面是继续鼓励引导其发展，另一方面是规范其发展。民办园也要做到依法办园、依法接受监督管理。《民办教育促进法》对民办园实行了分类管理的策略，民办园可以办成营利性的，也可以办成非营利性的，由民办园的举办者选择。对于不同类型的民办园，国家在财政、税收、土地、用水用电等方面采取不同的政策。对于民办园的高收费和入园贵问题，国家提出要遏制幼儿园的过度逐利行为。民办园应依法建立财务、会计和资产管理制度，按照国家有关规定设置会计账簿，收取的费用应主要用于幼儿保教活动、改善办园条件和保障教职工待遇，每年依法向当地教育、民政或市场监管部门提交经审计的财务报告。民办园依法办园的前提是获得办园许可证，因此国家要分类治理无证办园，加大整改扶持力度。通过整改扶持规范一批无证园，达到基本标准的，颁发办园许可证；整改后仍达不到安全卫生等办园基本要求的，要坚决予以取缔，并妥善分流和安置幼儿。

思考与应用

1. 学前教育领域现行的政策与法规主要有哪些？
2. 根据《幼儿园管理条例》，举办幼儿园需要具备什么样的条件？
3. 根据《幼儿园管理条例》，幼儿园出现什么样的行为时要受到处罚？
4. 根据《幼儿园工作规程》，幼儿园保育和教育的主要目标是什么？
5. 根据《幼儿园工作规程》，幼儿园教师的主要职责是什么？
6. 幼儿园的安全管理工作主要有哪几个方面？
7.《中共中央 国务院关于学前教育深化改革规范发展的若干意见》的出台有什么重大意义？
8.《中共中央 国务院关于学前教育深化改革规范发展的若干意见》有哪些主要内容？

专题小结

亚里士多德有言："法治应包含两重意义：已成立的法律获得普遍的服从。而大家所服从的法律应该本身是制定得良好的法律。"党的十八届四中全会决议提出"法律是治国之重器，良法是善治之前提"。建设社会主义现代化强国离不开法治，我国正在全面推进依法治国，全面依法治国要求做到科学立法、严格执法、公正司法、全民守法。

法不同于道德、宗教、舆论等约束人们行为的其他规范。法具有以下特征：法是调整人们的行为或社会关系的规范，具有规范性；法是由国家制定或者认可的，具有国家意志性；法是由国家强制力保证实施的规范体系，具有国家强制性；法在国家权力管辖范围内普遍有效，具有普遍性；法是经由严格的程序制定的规范，具有程序性。

经过多年努力，我国已经基本形成了以宪法为统领，以 9 部教育法律为主体(框架)，由 16 部教育行政法规、47 部部门教育规章和大量地方政府规章构成的中国特色社会主义教育法律法规体系，基本

① 教育部：《2019 年全国教育事业发展统计公报》，http://www.moe.gov.cn/jyb_sjzl/sjzl_fztjgb/202005/t20200520_456751.html，2021-09-03。

实现了我国教育事业各个领域的有法可依。9部教育法律分别是《教育法》《义务教育法》《高等教育法》《职业教育法》《教师法》《民办教育促进法》《学位条例》《国家通用语言文字法》《家庭教育促进法》。

现行学前教育政策法规主要是1部行政法规(《幼儿园管理条例》)和2部部门规章(《中小学幼儿园安全管理办法》和《幼儿园工作规程》)。2018年11月7日,《中共中央 国务院关于学前教育深化改革规范发展的若干意见》对新时代学前教育深化改革规范发展作出重大决策部署,进一步明确了学前教育改革发展的前进方向和重大举措。以中共中央、国务院名义专门印发关于学前教育工作的若干意见,这在新中国成立以来还是第一次,具有重要的里程碑意义。

学前教育政策与法规的完善主要体现在以下几个方面,这些也是未来学前教育法重点规范的内容:多渠道增加普惠性学前教育资源,保障适龄儿童接受学前教育的权利;加大对学前教育投入力度,健全学前教育成本分担机制;加强幼儿园教师队伍建设,提高幼儿教师待遇和地位;规范幼儿园办园行为,提高幼儿园保教质量;鼓励、引导、规范社会力量办园,充分调动各方面积极性。

学前教育发展的远景目标是:到2035年,全面普及学前三年教育,建成覆盖城乡、布局合理的学前教育公共服务体系,形成完善的学前教育管理体制、办园体制和政策保障体系,为幼儿提供更加充裕、更加普惠、更加优质的学前教育。

学习反思

专题二
学前教育中的儿童权利与保护

本专题将学习学前教育中的儿童权利与保护。

儿童的基本权利是《儿童权利公约》和《未成年人保护法》确认和保障的法定权利，主要包括儿童的生存权、发展权、受保护权和参与权，它们共同构成了儿童人权的主要内容。

保护儿童是全社会的共同责任。处理涉及儿童的一切事务，都应当以“儿童的最大利益”为“首要考虑”，坚持最有利于儿童的原则。儿童权利的保障和实现，有赖于社会各个主体的积极作为和参与，包括对儿童给予家庭保护、学校保护、社会保护、网络保护、政府保护和司法保护。

学习目标

1. 掌握儿童的生存权、发展权、受保护权和参与权四大基本权利的含义及其具体内容。

2. 了解“儿童最大利益原则”和“最有利于儿童的原则”两个儿童保护原则的含义。

3. 掌握家庭保护、学校保护、社会保护、网络保护、政府保护和司法保护的含义及其主要内容。

学习主题一
儿童的基本权利

视频：儿童享有哪四大基本权利

学习笔记

情境导入

虐待幼儿，教师被判刑

2017 年 8 月，某亲子园几名教职工在看护幼儿过程中，采取用芥末涂抹幼儿口部、手部，或者让幼儿闻嗅、持芥末恐吓方式对数名幼儿进行虐待，还对幼儿实施了拉扯、推搡、拍打或喷液体等行为。2017 年 11 月上旬，幼儿家长查看监控视频后报警，几名当事教职工因涉嫌犯罪被刑事拘留。2018 年 11 月，当地法院对此案作出了一审判决，亲子园负责人郑某和七名教职工被法院以虐待被看护人罪判处有期徒刑。

那么，儿童享有哪些权利？应当受到哪些保护？本主题中我们将学习儿童的基本权利。

在国际法中，儿童的权利主要由《儿童权利公约》保护；在国内法中，儿童的权利主要由《未成年人保护法》保护。《未成年人保护法》与《儿童权利公约》之间存在密切关联，《未成年人保护法》是《儿童权利公约》的国内法转化，是国内落实儿童权利保护的重要抓手。

《儿童权利公约》于 1989 年 11 月 20 日在第 44 届联合国大会上由全体成员国一致通过，1990 年 9 月 2 日正式生效，目前已有 196 个国家批准该公约，是获得批准国家和地区数量最多的国际人权条约，也是儿童权利方面最重要的国际法律文件。《儿童权利公约》自生效以来，对启动国际儿童议程产生了相当大的影响，更间接地创造了一种认真对待儿童权利的国际氛围。换句话说，《儿童权利公约》是国际社会尊重和保护儿童权利的驱动性及决定性因素。

1990 年 8 月 29 日中国政府签署《儿童权利公约》，1992 年 3 月 2 日向联合国递交了中国的批准书，中国是《儿童权利公约》较早的缔约国之一。《儿童权利公约》虽已在我国生效，但是在实践中尚不具有直接适用效力，在国内的执行和适用须经过国内立法转化。从履行国际条约义务的角度而言，国内儿童保护立法应当符合《儿童权利公约》的精神、原则及要求，不能与公约内容相抵触。在我国有关儿童权利的法律体系中，《未成年人保护法》是最核心、最关键的法律，是中国儿童权利保护的“小宪章”。《儿童权利公约》在中国的落实在很大程度上依赖于《未成年人保护法》对其内容的“国内法化”。

全国人大常委会 1991 年 9 月 4 日通过的《未成年人保护法》第一次将《儿童权利公约》中的部分内容以国内法的形式加以规定，例如：规定未成年人是指未满 18 周岁的公民，与《儿童权利公约》中规定的“儿童”的年龄范围保持一致，确立了“尊重未成年人人格尊严”等基本原则。2006 年，全国人大常委会对《未成年人保护

学习笔记

法》进行第一次修订，引入了《儿童权利公约》中的非歧视原则，并且直接将从公约中归纳出的四项基本权利即生存权、发展权、受保护权和参与权写入"总则"部分。《未成年人保护法》2012 年进行了修正，而 2020 年的修订是该法生效以来进行的第二次修订。相比初次颁布的以及 2006 年第一次修订的《未成年人保护法》，2020 年修订的《未成年人保护法》增加了许多新的制度和规定，在基本原则、章节内容、条文数量方面都有极大的变化。最新修订的《未成年人保护法》增加了"网络保护""政府保护"两章，条文从 72 条增加到 132 条，标志着未成年人保护工作迈入新阶段。此次修订既是对过去十几年来我国儿童保护工作经验的总结和升华，也是对实践中出现的新问题和新挑战的应对。①

小知识

儿童权利发展史

1923 年，《儿童权利宪章》被国际救助儿童联盟认可。

1924 年，第五届国际联盟大会通过了《日内瓦儿童权利宣言》，儿童权利的概念第一次在国际社会以"宣言"的形式被正式提出。

1948 年，联合国大会通过《世界人权宣言》，其中第二十五条规定，母亲和儿童有权得到"特殊照顾和帮助"以及"社会保护"。

1959 年，联合国大会通过《儿童权利宣言》，明确了各国儿童应当享有的各项基本权利，这是第二份儿童权利宣言。

1966 年，联合国大会通过了《经济、社会及文化权利国际公约》，各成员国承诺维护包括受教育和受保护权利在内的儿童的平等权利。

1978 年，联合国大会决定制定一份具有法律效力的儿童权利公约，并成立了起草工作组。1979 年，《儿童权利公约》起草工作开始，联合国将这一年定为国际儿童年。

1989 年，第 44 届联合国大会一致通过了《儿童权利公约》。公约承诺并全面设立了保护儿童权利的最低标准，它是第一部有关保障儿童权利且具有法律约束力的国际性约定，成为儿童权利保护的新里程碑。

1990 年 8 月 29 日，中国常驻联合国大使代表中华人民共和国政府签署了《儿童权利公约》。1991 年 12 月 29 日，第七届全国人民代表大会常务委员会第 23 次会议决定批准中国加入《儿童权利公约》。公约于 1992 年 4 月 2 日对中国生效。

1999 年，国际劳工组织通过了《禁止和立即行动消除最恶劣形式的童工劳动公约》，呼吁立即彻底禁止和消除任何形式的可能伤害儿童健康、安全和道德的工作。

2000 年，联合国大会通过了《儿童权利公约》的两项任择议定书，要求缔约国采取核心行动，避免儿童在武装冲突时被卷入敌对行动，并终结针对儿童的人口贩卖、性剥削和性虐待。

儿童，按照世界各国的法律规定，通常是指 18 周岁以下的未成年人。我国《未成年人保护法》第二条规定："本法所称未成年人是指未满十八周岁的公民。"由于儿童身心尚处于发展阶段，自身力量弱小，心智不成熟，具有柔弱性和依赖性，需要外界予以特殊的照料与保护，以保证其平安、幸福地成长。因此，各国通常

---

① 牛帅帅、赵越：《〈未成年人保护法〉的国际法评析：以〈儿童权利公约〉为视角》，载《中华女子学院学报》，2021(1)。

学习笔记

以立法的形式来确认和保障儿童的各种权利及其落实方案。在我国，儿童权利及其保护既规定于专门制定的《未成年人保护法》当中，也见诸《教育法》《义务教育法》《中华人民共和国母婴保护法》和《中华人民共和国预防未成年人犯罪法》(简称《预防未成年人犯罪法》)，以及《民法典》《刑法》等其他法律的一些相关条款中，它们共同组成了我国的儿童权利保护法律体系。

在儿童的各种法定权利中，有一些权利事关儿童生存和发展的基本条件和保障，在儿童成长过程中地位重要、不可或缺，属于儿童基础性的权利。我国现行的《未成年人保护法》融合、吸收了《儿童权利公约》的重要成果和经验，规定了儿童的生存权、发展权、受保护权和参与权四大基本权利。

一、儿童的生存权

生存权是一个人最基本的权利，也是最重要的人权。儿童的生存权，是指儿童享有的生命和健康受到保护、生活条件获得保障的权利。它包括儿童的生命权、健康权和生活条件保障权。儿童作为人群中的弱势群体，其生存权理所当然受到法律的特别保护。离开了这种保护，儿童就容易受到伤害，难以平安、健康地成长。

具体而言，儿童的生存权有两个方面的含义。一方面，儿童享有生命和健康不受非法剥夺、侵害的权利。儿童的生命权和健康权受到法律保护，任何人、任何组织不得予以非法剥夺或侵害。违反这一义务的个人或组织，轻者构成民事侵权，需要承担相应的民事责任；重者构成犯罪，需要承担刑事责任。例如，学前教育机构的教职工体罚、虐待婴幼儿，造成严重后果或者情节恶劣的，行为人可能会构成故意伤害罪、虐待被看护人罪。另一方面，儿童享有基本生活条件获得保障的权利。儿童的生存离不开衣、食、住、行等基本生活需求，为此，儿童有权利获得相当的生活水准，包括足够的食品、衣物、住房、医疗保障以及必要的社会服务。家庭、社会和国家有义务对儿童的基本生活条件予以保障。

为了保障儿童的生存权，《儿童权利公约》专门规定，各缔约国应当采取适当措施承担起如下几个方面的责任：降低婴幼儿死亡率；向所有儿童提供必要的医疗援助和保健；消除疾病和营养不良现象；确保母亲得到适当的产前和产后保健；向社会各阶层，特别是向父母和儿童介绍有关儿童保健和营养、母乳喂养、环境卫生、防止意外事故等方面的基本知识；采取适当、有效的措施废除对儿童健康有害的传统习俗，以及促进和鼓励国际合作等。

现代国际人权体系强调国家不止步于“不干预”的消极义务，而是审慎地采取积极措施，预防可预见的生命威胁。修订后的《未成年人保护法》更好地体现了国家在保护儿童生存权中的作为义务。第十八条要求父母与其他监护人为未成年人提供安全的家庭环境，及时排除安全隐患，并通过配备儿童安全座椅等措施防止未成年人受到交通事故的伤害。该规定与儿童权利委员会预防家庭意外伤害和加强儿童道路安全的意见一致，不仅仅是对《儿童权利公约》第六条的忠实履行，更是对儿童保护实践需求的及时回应。修订后的《未成年人保护法》要求各级政府及其有关部门保障困境未成年人的生活及安全方面的基本需求，这符合《儿童权利公约》要求缔约国确保儿童享有“可达到的健康标准”及足以促进其生理、心理、精神、道德和社会发展的生活水平的要求。

学习笔记

二、儿童的发展权 >>>>>>>>>>>>>>>>>>>>>>>>>>>>>>>>>

儿童的发展权，是指儿童享有充分发展其身心潜能，促进个人的身体、心理、智力、道德、个性等方面均衡、全面发展的权利。人不同于其他动物，除了生存，人还有发展的需求，发展权关乎个人的尊严和幸福。儿童的发展权无论是对儿童个人还是对国家，都具有重大意义。对于儿童个人，发展权是儿童享受和实现其他诸多权利的前提和条件，也为儿童追求幸福生活、实现人生价值奠定基础，因而属于儿童不可或缺的基本权利的范畴。对于国家，儿童承载着民族的未来和希望，其发展权的保障和实现状况直接决定着国民的素质、能力和品性，影响着国家的前途和命运。

儿童的发展权不是一个抽象的概念，而是儿童个体实实在在地享有的各项具体权利。按照《儿童权利公约》的规定，儿童的发展权的具体内容包括：(1)享有从大众媒体获得有利于身心健康的信息的权利；(2)享有接受教育的权利；(3)享有休息和娱乐的权利；(4)享有自由参加文化生活和艺术活动的权利；(5)享有思想、信仰和宗教自由的权利；(6)享有充分而和谐地发展其个性的权利；(7)享有足以促进其生理、心理、精神、道德和社会发展的生活水平的权利；等等。其中，受教育权和休息、娱乐权对儿童的发展具有特殊意义。

儿童享有受教育权。在现代社会，教育在个人的发展中起着至关重要的作用。国家应当为儿童提供均等的受教育机会，并不断优化教育条件、提高教育水平，使每一名适龄儿童都能获得均衡的、高质量的教育。针对近年来受教育权保障方面的一些突出问题，2020 年修订的《未成年人保护法》规定：明确控辍保学、登记劝返复学制度；确立重点学生关爱帮助制度，对家庭困难、身心有障碍的学生，应当提供关爱，对行为异常、学习有困难的学生，应当耐心帮助，不能因家庭、身体、心理、学习能力等情况歧视学生；不得加重学习负担，学校不得占用国家法定节假日、休息日及寒暑假期，组织义务教育阶段的未成年学生集体补课，幼儿园、校外培训机构不得对学龄前未成年人进行小学课程教育；发展职业教育，保障未成年人接受职业教育或者职业技能培训；保障不具有接受普通教育能力的残疾未成年人在特殊教育学校、幼儿园接受学前教育、义务教育和职业教育。①

儿童享有休息、娱乐权。儿童的身心发展有着特殊规律，游戏和玩耍既是儿童的天性，也是儿童学习和发展的重要途径之一。为此，儿童享有休息和闲暇的权利，享有从事与其年龄相宜的游戏和娱乐活动，以及自由参加文化生活和艺术活动的权利。对于 0～6 岁的幼儿而言，游戏权是其受教育权的核心内容。② 针对一些幼儿园违背幼儿身心发展规律和认知特点，提前教授小学内容、强化知识技能训练，“小学化”倾向比较严重的问题，《教育部办公厅关于开展幼儿园“小学化”专项治理工作的通知》要求纠正“小学化”教育方式。针对幼儿园不能坚持以游戏为基本活动、脱离幼儿生活情景、以课堂集中授课方式为主组织安排一日活动，或

---

① 苑宁宁：《引领中国特色未成年人法律体系的不断完善——〈未成年人保护法〉修订全面解读》，载《少年儿童研究》，2021(1)。

② 张利洪：《游戏权是学前儿童受教育权的核心内容》，载《中国教育法制评论》，2014(1)。

学习笔记

以机械背诵、记忆、抄写、计算等方式进行知识技能性强化训练的行为，要坚决予以纠正。要引导幼儿园园长、教师及家长树立科学育儿观念，坚持以幼儿为本，尊重幼儿学习兴趣和需求，以游戏为基本活动，灵活运用集体、小组和个别活动等多种形式，合理安排和组织幼儿一日生活，促进幼儿在活动中通过亲身体验、直接感知、实践操作进行自主游戏和学习探究。①

三、儿童的受保护权

儿童的受保护权，是指儿童享有受到适当照料和保护，免受歧视、凌辱、虐待、忽视、剥削、酷刑等伤害，以及在面临困境时能够及时获得特殊照顾和服务的权利。儿童的身体、心智尚处于成长阶段，个人力量弱小，容易受到各种伤害，无法依靠自己而独立生存和自保。他们的健康成长，离不开成人社会的照料和保护，包括家长的监护、社会的关爱，以及国家和法律对各种伤害儿童行为的制止与惩戒。

《儿童权利公约》特别强调对儿童实施如下保护：(1)保护儿童免受一切形式的歧视，让每一名儿童都受到平等对待；(2)确保父母双方对儿童的养育和发展负有首要责任，防止儿童受到父母的虐待、遗弃或照料疏忽；(3)保护儿童免遭一切形式的色情剥削和性侵害；(4)禁止诱拐、买卖和贩运儿童；(5)禁止非法或任意剥夺任何儿童的自由，禁止对儿童实施酷刑或有辱人格的处罚；(6)禁止雇佣童工，保护儿童免受经济剥削；(7)保护儿童不至非法使用麻醉药物和精神药物；(8)禁止招募任何未满 15 岁的人加入武装部队，确保未满 15 岁的人不直接参加敌对行动；(9)确保孤儿、难民儿童、残疾儿童等困境儿童受到特殊的照顾和服务。

2020 年《未成年人保护法》修改涉及最多的是儿童的受保护权，修改后的《未成年人保护法》在保护内容、责任主体和实施机制等方面落实甚至发展了《儿童权利公约》的要求。未成年人保护从"四大保护"拓展为"六大保护"，增加了网络保护和政府保护，不仅代表着未成年人保护网编织得越来越严密，更是对"六大保护"背后的逻辑和理念进行了科学改造。修订后的"六大保护"构造了两层立体保护网：第一层围绕未成年人生存发展的四大场域展开，包括如何在家庭、学校和社会这三个现实场域中保障未成年人合法权益，以及如何在网络这一虚拟场域中保障未成年人合法权益；第二层围绕未成年人保护的国家责任展开，包括政府应当如何促进未成年人福利、司法机关应当如何对未成年人进行全面综合的司法保护。"六大保护"体系彰显了未成年人从被保护对象向权利主体的转变，体现了以未成年人为本的立法理念。②

① 《教育部办公厅关于开展幼儿园"小学化"专项治理工作的通知》，载《基础教育参考》，2018(15)。

② 苑宁宁：《引领中国特色未成年人法律体系的不断完善——〈未成年人保护法〉修订全面解读》，载《少年儿童研究》，2021(1)。

案例与思考

母亲教育孩子　失手将其打死

法院审理查明，2018 年 1 月 5 日 18 时，陈某某下班后发现其子周某某(男，殁年 9 岁)将手机遗失，一起寻找手机的过程中她认为儿子说谎，因生气用手背击打其面部。随后，陈某某在检查布置儿子白天需在家完成的作业时，发现其未完成英语等作业，遂用木棍殴打其手心；见其迟迟未动手写作业，陈某某遂用木棍对其屁股、手殴打；后因发现他手持笔芯写字，认为其未能保管好文具，加上认为其经常说谎，不听管教，遂采用缝衣针对其腿、脚等部位刺戳数十下。由于发现儿子仍旧磨蹭、没有写作业，陈某某又持木棍对他的屁股、腿等部位进行殴打。

次日 6 时许，陈某某起床后发现儿子身体异常，躺倒在西卧室地上，急救人员到场后发现周某某已经死亡。经法医鉴定，周某某符合被他人用易挥动的钝器反复打击致全身广泛性的软组织损伤引起创伤性、失血性休克合并肺脂肪栓塞死亡。

案发后，陈某某如实供述了犯罪事实，其丈夫也出具了谅解书，表示谅解。

法院经审理认为，陈某某在教育儿子过程中，采取殴打、用针戳等方式，故意伤害其身体，并致其死亡，其行为已构成故意伤害罪，依法应予以惩处。陈某某归案后，如实供述自己的罪行，依法可以从轻处罚，且犯罪后积极抢救被害人，再加上其丈夫周某对其行为表示谅解，可酌情从轻处罚。最终，法院依法以故意伤害罪判处陈某某有期徒刑 10 年，剥夺政治权利 3 年。

●讨论与思考：案例中的母亲侵犯了儿子的什么权利？应当如何避免此类事件的发生？

四、儿童的参与权 >>>>>>>>>>>>>>>>>>>>>>>>>>>>>>>>

学习笔记

儿童的参与权，是指儿童享有参与家庭、文化和社会生活，并对影响到其本人的一切事项自由地发表意见、参与决策的权利。儿童具有柔弱性和依赖性，需要成人给予特定的保护，但这绝不意味着其可以任由成人控制和支配。儿童具有独立的人格，有自己的需求、情感、思想、愿望和能力。他们不是成人的附属物，相反，他们跟成人一样是权利的主体，应当作为一个有权利的群体而被所有人尊重。儿童也是“儿童问题的专家”，他们了解自身的处境、问题和需求，在很多涉及自身的事情上最有发言权，其成长离不开自身的主动参与和努力。尊重和保障儿童的参与权，可以让儿童获得尊严，使他们更加自信，也有利于将他们培养成勇于担当、积极进取、文明民主、富于创造的现代公民。

儿童的参与权是儿童的一项基本权利。按照《儿童权利公约》的规定，缔约国应当确保有主见能力的儿童有权对影响到其本人的所有事项自由发表意见，对儿童的意见应按照儿童的年龄和成熟程度给予适当的看待；儿童特别应有机会在影响到儿童的任何司法和行政诉讼中，以符合国家法律的诉讼规则的方式，直接或通过代表或适当机构陈述意见；儿童应有自由发表言论的权利，包括通过口头、书面或印刷品、艺术形式或儿童所选择的任何其他媒介，寻求、接受和传递各种信息和思想的自由。我国的《未成年人保护法》也确认和保障了儿童的参与权，2020 年修订后的《未成年人保护法》第四条规定，“处理涉及未成年人事项”，“应当听取未成年人的意见”。相比原来的法律，新法更加充分地保证了儿童的参与权。修订后的《未成年人保护法》第十九条、第二十二条第二款、第二十四条第一

学习笔记

款和第一百零二条均要求相应主体听取未成年人意见。

由于受传统观念、“应试教育”等因素影响，我国儿童的参与权还存在着诸多不足。例如：儿童参与机会不多、参与程度不深，特别是孤儿、残疾儿童以及农村留守儿童等弱势儿童群体参与机会更显贫乏；不少儿童参与意愿不强、参与能力不足；整个社会对儿童的参与权不够重视，尚未形成尊重、支持儿童参与的良好环境等。当前，应当在全社会范围内加强关于儿童权利的教育，普及儿童权利的相关法律知识，特别应当针对儿童、家长、教师等人群开展儿童的参与权的专门教育，鼓励、支持儿童广泛、深入地参与家庭生活、校园文化生活，支持儿童对社会公共事务发表自己的意见。此外，还应当完善儿童的参与权的相关立法，健全儿童参与的保障机制。①

小知识

儿童的参与权实现程度的八个阶梯

根据救助儿童会亚洲分所编辑的《健康儿童权利——儿童权利公约培训手册》，儿童的参与权可分为以下八个递进的阶梯。

第一阶梯：儿童被操纵。有关儿童的事情，完全由成人来安排。没有一种渠道或方法让儿童了解他们为什么这样做，他们怎么能对参与这样的事情发表自己的意见？

第二阶梯：儿童成为装饰品。儿童可能有机会参与一些活动，如被要求唱歌、跳舞、穿漂亮衣服为某些事情作宣传等，但他们不明白这些事项的意义，也不知道他们有权利选择参与与否、如何参与，以及在参与过程中如何表达自己的意见。

第三阶梯：儿童象征性参与。在一些事项中，儿童可能会被问到他们有什么想法，但是没有人重视或参考他们的意见。

第四阶梯：成人决定，但事先通知儿童。成人决定一些有关儿童的事项或计划后，让儿童了解他们为什么要做这些事情，他们可以决定是否参与。

第五阶梯：事先征询儿童意见。成人设计了有关儿童的事项，但让儿童明白事项的意义，能征求儿童的意见，并能严肃地对待儿童的意见。

第六阶梯：儿童参与决定。成人提出有关事项，让儿童在筹划和实施中参与，并与儿童一起作决定。

第七阶梯：儿童决定。儿童提出有关事项，并由儿童自己作出决定，成人并不参与。

第八阶梯：儿童策划并邀请成人一起决定。儿童自己提出有关事项，并以主体身份来邀请成人一起讨论和作出决定。

在这一儿童参与模型中，儿童参与程度体现得完全不同：第一至第三阶梯中的儿童基本上不具备参与性，第四至第五阶梯中的儿童的参与性是中等水平，第六至第八阶梯中的儿童参与程度最高。

思考与应用

1. 儿童的基本权利有哪些？

2. 什么是儿童的生存权？儿童的生存权通常包括哪些内容？

① 贺颖清：《中国儿童参与权状况及其法律保障》，载《政法论坛》，2006(1)。

3. 什么是儿童的发展权？儿童的发展权有何意义？
4. 在《儿童权利公约》中，儿童的发展权包括哪些内容？
5. 你认为儿童的发展权中，什么权利最重要？为什么？
6. 什么是儿童的受保护权？在《儿童权利公约》中，儿童的受保护权包括哪些内容？
7. 什么是儿童的参与权？为什么要确认和保障儿童的参与权？
8. 活动设计：请根据儿童的参与权的阶梯理论来设计一组活动，从中体现儿童的不同参与水平。

学习主题二
儿童权利的保护与实施

学习笔记

情境导入

净化网络空间，保护儿童健康成长

据新华社报道，7月初启动的2020“清朗”未成年人暑期网络环境专项整治中，网信部门发现有7家平台推送低俗色情等不良信息，并故意利用暴力恐怖、八卦秘史等有害内容引流。有3家青少年常用学习教育类平台发布涉未成年人“有偿陪聊”信息，个别账号利用游戏虚拟物品诱导未成年人拍摄不雅照片，严重毒害青少年身心健康，性质十分恶劣。还有6家平台13款常用工具类应用弹窗过多、过频、过大，影响网课呈现，甚至推送低俗色情信息。此外，网信部门还发现12家平台传播不适合未成年人观看的暴力血腥“邪典”动画片；5家平台存在涉死亡游戏、诱导自杀、未成年人贷款、未成年人炫富等不良信息或群组；7家平台存在以未成年人为主角的大尺度低俗图片、视频。以上平台和应用分别被网信部门给予了约谈、责令限期整改、暂停相关频道栏目更新、全面下架、停止互联网接入服务、严肃处理相关责任人等处罚措施。

如何保护儿童的权利？各个主体应当履行怎样的义务和职责？本主题中我们将学习儿童权利的保护与实施。

儿童是民族的希望和未来，人们如何对待儿童，丈量着一个民族的文明尺度。正如1959年联合国大会通过的《儿童权利宣言》中所言，“人类有责任给儿童以必须给予的最好待遇”。为了保障儿童的权利，给儿童营造一个平安、健康和幸福的成长环境，我国应逐步构建以《宪法》为根本依据，以《未成年人保护法》为核心，以《义务教育法》《预防未成年人犯罪法》《家庭教育促进法》等多部未成年人专门立法或单行法为支柱，以部门法中有关未成年人的特殊章节或条款为重要来源，以行政法规、部门规章、司法解释、地方性法规等规范性法律文件为细化配套规定

学习笔记

的法律体系。儿童作为一个特殊群体，既是保护的对象，也是权利的主体，保障儿童权利是家庭、学校、社会、政府的共同责任。

一、儿童保护的原则 >>>>>>>>>>>>>>>>>>>>>>>>>>>>>>>>>>>>>

（一）儿童最大利益原则

《儿童权利公约》第三条第一项规定："关于儿童的一切行动，不论是由公私社会福利机构、法院、行政当局或立法机构执行，均应以儿童的最大利益为一种首要考虑。"这一规定确立了"儿童最大利益原则"(best interests of the child)。"儿童最大利益原则"的确立，对世界各国的儿童保护工作产生了广泛而深远的影响，成为许多国家实施儿童立法、司法工作的指导原则和处理涉及儿童事务的行动准则。尽管《儿童权利公约》对于什么是"儿童最大利益原则"并未做进一步的解释，导致其含义具有某种不确定性，但人们一般认为，这一原则至少包括两层含义。第一，儿童作为独立的个体，具有独立的权利主体地位。人们在考虑儿童问题、处理儿童事务时，思维模式应当从过去的父母本位、成人本位转换到儿童本位上来。第二，涉及儿童的一切行动，都应当谋求儿童的最大利益。一方面，儿童的利益高于其他利益，当儿童利益与成人利益发生冲突时应当先考虑儿童利益；另一方面，儿童的利益不仅包括物质利益，还包括人格、精神利益，要综合考虑、权衡各方面的因素来确定什么是儿童的最大利益，并以此作为处理儿童事务的出发点和落脚点。我国的法律中体现了"儿童最大利益原则"，例如，《民法典》第三十五条第一、二款规定："监护人应当按照最有利于被监护人的原则履行监护职责。监护人除为维护被监护人利益外，不得处分被监护人的财产。未成年人的监护人履行监护职责，在作出与被监护人利益有关的决定时，应当根据被监护人的年龄和智力状况，尊重被监护人的真实意愿。"

（二）最有利于儿童的原则

"儿童最大利益原则"实际上是要求各方应当采取最有利于促进和实现未成年人利益的措施。《未成年人保护法》作为落实《儿童权利公约》有关规定的国内法，一方面最大程度地契合了公约的精神，另一方面考虑到我国法律文本的严谨性和法律用语习惯，在将公约中的"best interests of the child"转换为国内法时，使用了"最有利于未成年人"的表述。同时，为了保障这一原则的精准适用，2020年修订的《未成年人保护法》对该原则进行具体化，提出了六项具体要求。① 《未成年人保护法》第四条规定："保护未成年人，应当坚持最有利于未成年人的原则。处理涉及未成年人事项，应当符合下列要求：（一）给予未成年人特殊、优先保护；（二）尊重未成年人人格尊严；（三）保护未成年人隐私权和个人信息；（四）适应未成年人身心健康发展的规律和特点；（五）听取未成年人的意见；（六）保护与教育相结合。"

"最有利于儿童的原则"在我国法律和社会实践中表现在多个方面，以儿童票

① 苑宁宁：《引领中国特色未成年人法律体系的不断完善——〈未成年人保护法〉修订全面解读》，载《少年儿童研究》，2021(1)。

学习笔记

为例，交通运输部在公路、水路客运领域已经建立了兼顾年龄和身高标准的票价优待机制，先后印发《交通运输部　国家发展改革委关于深化道路运输价格改革的意见》(交运规〔2019〕17 号)、《交通运输部关于做好〈国内水路运输管理规定〉实施有关工作的通知》(交水规〔2020〕6 号)，明确对符合条件的儿童提供免费乘坐客运班车(国内水路客运船舶)或者客票半价优待(9 座及以下客车除外)。其中，免票儿童的范围为 6 周岁(含)以下或者身高 1.2 米(含)以下，客票半价优待儿童的范围为 6～14 周岁或者身高 1.2～1.5 米。满足年龄或身高二者之一的，均可享受相关优待。

二、儿童权利保护的实施 >>>>>>>>>>>>>>>>>>>>>>>>>>>>>

保护未成年人，是国家机关、武装力量、政党、人民团体、企业事业单位、社会组织、城乡基层群众性自治组织、未成年人的监护人和其他成年人的共同责任。我国的现行法律从各个方面构筑了一个儿童权利保障的网络体系，包括家庭保护、学校保护、社会保护、网络保护、政府保护和司法保护。

(一)家庭保护

家庭作为社会的基本主体、作为儿童成长的初始和主要环境，在儿童的成长过程中起着无可替代的作用。对儿童的家庭保护，集中体现在监护人对儿童的监护职责上。按照《民法典》的规定，父母是未成年子女的监护人，对未成年子女负有抚养、教育和保护的义务，未成年人的父母已经死亡或者没有监护能力的，由下列有监护能力的人按顺序担任监护人：(1)祖父母、外祖父母；(2)兄、姐；(3)其他愿意担任监护人的个人或者组织，但是须经未成年人住所地的居民委员会、村民委员会或者民政部门同意。

《未成年人保护法》第十六条规定：“未成年人的父母或者其他监护人，应当对未成年人履行下列监护职责：(一)为未成年人提供生活、健康、安全等方面的保障；(二)关注未成年人的生理、心理状况和情感需求；(三)教育和引导未成年人遵纪守法、勤俭节约，养成良好的思想品德和行为习惯；(四)对未成年人进行安全教育，提高未成年人的自我保护意识和能力；(五)尊重未成年人受教育的权利，保障适龄未成年人依法接受并完成义务教育；(六)保障未成年人休息、娱乐和体育锻炼的时间，引导未成年人进行有益身心健康的活动；(七)妥善管理和保护未成年人的财产；(八)依法代理未成年人实施民事法律行为；(九)预防和制止未成年人的不良行为和违法犯罪行为，并进行合理管教；(十)其他应当履行的监护职责。”

《未成年人保护法》第十七条规定：“未成年人的父母或者其他监护人不得实施下列行为：(一)虐待、遗弃、非法送养未成年人或者对未成年人实施家庭暴力；(二)放任、教唆或者利用未成年人实施违法犯罪行为；(三)放任、唆使未成年人参与邪教、迷信活动或者接受恐怖主义、分裂主义、极端主义等侵害；(四)放任、唆使未成年人吸烟(含电子烟，下同)、饮酒、赌博、流浪乞讨或者欺凌他人；(五)放任或者迫使应当接受义务教育的未成年人失学、辍学；(六)放任未成年人沉迷网络，接触危害或者可能影响其身心健康的图书、报刊、电影、广播电视节目、音像制品、电子出版物和网络信息等；(七)放任未成年人进入营业性娱乐场

学习笔记

所、酒吧、互联网上网服务营业场所等不适宜未成年人活动的场所；(八)允许或者迫使未成年人从事国家规定以外的劳动；(九)允许、迫使未成年人结婚或者为未成年人订立婚约；(十)违法处分、侵吞未成年人的财产或者利用未成年人牟取不正当利益；(十一)其他侵犯未成年人身心健康、财产权益或者不依法履行未成年人保护义务的行为。”

当前，在家庭保护的实施过程中，父母或者其他监护人应当特别注意以下几个问题。

1. 尊重和保护儿童的人身权利

儿童自身力量弱小，其生命权、健康权、人格尊严权等权利需要家庭予以特别保护。然而，对儿童的家庭暴力、虐待、歧视、遗弃、忽视等伤害行为在一些家庭中时有发生，孩子因不学习或不听话被父母失手打死、继子女遭受继父母虐待伤痕累累、残疾婴儿被狠心遗弃等恶劣事件不时见诸媒体报道。对于这类侵害儿童的人身权利的行为，一方面，需要通过建立健全责任追究、强制报告等相关法律制度，加大国家的监督、制裁和矫正力度；另一方面，也需要进一步完善家庭教育方面的政策制定和立法工作，加强对家长的教育指导和培训，帮助其建立现代儿童观和教育观，提升其教育子女的水平。《家庭教育促进法》规定“不得实施家庭暴力”，必要时国家对家庭教育进行干预。该法明确了公安机关、人民检察院、人民法院干预家庭教育的情形和主要措施，并对家庭教育指导的活动作出了规定。

2. 关注儿童的身心健康，保障儿童的休息、娱乐权

由于受“应试教育”、传统成才观等因素影响，当前学龄儿童的学习压力普遍偏大。一些父母唯恐孩子成绩落后，逼迫孩子在课余时间报名参加各种辅导班，进一步侵蚀了儿童的休息和娱乐时间。须知学习成绩并不能代表一切，儿童的成长应当包括身体、心理、智力、道德、个性等方面的均衡、全面发展。休息和娱乐有利于儿童的健康成长、有利于增进儿童的幸福，也是儿童的一种不可剥夺的基本权利。家长应当与学校配合保障未成年学生的睡眠、娱乐和体育锻炼时间，尊重和保障儿童的发展权。

3. 保障儿童的参与权

儿童具有独立的人格，有着与成年人平等的尊严与权利。对于涉及孩子的活动和事务，家长不能越俎代庖、包办代替，剥夺孩子的参与权，而应当听取孩子的意见，并根据孩子的年龄和成熟程度予以适当对待，鼓励孩子“自治”，充分保障其参与权。

家庭在促进和实现儿童的参与权方面发挥着不可忽视的作用。儿童的家庭参与权不仅是儿童作为独立个体的主观能动性的集中体现，更是儿童在家庭影响和支持下增长知识和能力，进一步保障其生存权和发展权、获得受保护权的前提和基础。支持儿童实现家庭参与权的重要策略包括：第一，加强对儿童的家庭参与权的重要认识；第二，以符合儿童发展水平的方式鼓励儿童实施参与权；第三，通过积极沟通与可操作建议使儿童的参与权获得满足；第四，合理制定规则，从根本上保障尊重儿童的参与权。①

---

① 李一凡：《在家庭中儿童参与权的意义、内涵与支持策略》，载《渤海大学学报(哲学社会科学版)》，2021(1)。

案例与思考

撤销母亲监护人资格 保护困境儿童健康成长

据《京华时报》报道，林某作为母亲，多次使用菜刀割伤年仅9岁的亲生儿子小龙的后背、双臂，用火钳打小龙的双腿，并经常让小龙挨饿。自2013年8月起，当地镇政府、村委会干部及派出所民警多次对林某进行批评教育，但林某拒不悔改。2014年1月，共青团市委、市妇联等部门联合对林某进行劝解教育，林某书面保证不再殴打小龙，但实际上依然我行我素。5月29日凌晨，林某再次用菜刀割伤小龙的后背、双臂。为此，县公安局对林某处以行政拘留15日并处罚款人民币1000元。6月13日，申请人某村民委员会以被申请人林某长期对小龙的虐待行为已严重影响小龙的身心健康为由，向法院请求依法撤销林某对小龙的监护人资格，指定该村民委员会作为小龙的监护人。在法院审理期间，法院征求小龙的意见，其表示不愿意随其母林某共同生活。

法院经审理认为，监护人应当履行相应的监护职责，保护被监护人的身体健康、照顾被监护人的生活，对被监护人进行管理和教育。被申请人林某作为小龙的监护人，未采取正确的方法对小龙进行教育引导，而是采取打骂等手段对小龙长期虐待，经有关单位教育后仍拒不悔改，再次用菜刀割伤小龙，其行为已经严重损害小龙的身心健康，故其不宜再担任小龙的监护人。依照《中华人民共和国民法通则》及《未成年人保护法》的有关规定，撤销被申请人林某对小龙的监护人资格，指定申请人某村民委员会担任小龙的监护人。

●讨论与思考：监护人的监护职责包括哪些？对于监护失当的困境儿童，应当怎样予以救助？

（二）学校保护

学习笔记

学校保护，是指学校、幼儿园以及其他教育机构应当严格按照《教育法》《未成年人保护法》《未成年人学校保护规定》等法律、法规、规章以及有关政策规定，保障未成年人的受教育权、人身权、财产权等合法权益，促进未成年人身心健康成长。

在现代社会，儿童要成长为一名合格的成年公民，接受教育是至关重要的一个环节。儿童有很大一部分时间是在幼儿园、学校等教育机构中度过的，幼儿园、学校等教育机构集管理者、保护者、专门教育者等诸多职能于一身，在儿童权利保障过程中起着特殊、重大的作用。按照相关法律规定以及儿童成长的实际情况，学校保护的职能主要体现在以下两大方面。

1. 保障儿童的受教育权，促进儿童全面发展

受教育权是儿童的发展权中的核心权利，也是我国《宪法》所确认和保障的公民的基本权利。学前儿童受教育权指的是个人权利在学前教育中的衍生，是0～6岁儿童应该享有的，要求家庭、社会和国家能确保其身心健康发展的基本学习机会及条件的自由或利益。[①] 为了保障儿童的受教育权，学校应当全面贯彻国家教育方针，坚持立德树人，实施素质教育，提高教育质量，注重培养未成年学生的认知能力、合作能力、创新能力和实践能力，促进未成年学生的全面发展。学前教育机构应当做好保育、教育工作，遵循幼儿身心发展规律，实施启蒙教育，促

① 张利洪：《学前儿童受教育权研究》，博士学位论文，西南大学，2013。

学习笔记

进幼儿在体质、智力、品德等方面和谐发展。儿童享有平等的受教育权，学校保障学生平等使用教育教学设施设备、参加教育教学计划安排的各种活动，并使学生在学业成绩和品行上获得公正评价。对身心有障碍的学生，学校应当提供合理便利，实施融合教育，给予特别支持；对学习困难、行为异常的学生，学校应当以适当方式教育、帮助，必要时，可以通过安排教师或者专业人员课后辅导等方式给予帮助或者支持。学校应当保障未成年学生接受教育的权利，不得违反国家规定，开除、变相开除未成年学生。

2. 维护儿童的人身权、财产权等合法权益

在教育机构学习、生活的儿童，是一个受教育者、被管理者，也是一个普通的公民，享有普通公民的一切合法权益。教育机构在实施教育、管理过程中，应当尊重和保护儿童的人身权、财产权等合法权益。儿童享有生命权、健康权、人格尊严权、名誉权、隐私权、荣誉权、肖像权、人身自由权等人身权，学校及教职工不得对儿童实施体罚、虐待、侮辱人格尊严、泄露隐私、非法禁闭等侵犯人身权的行为。《未成年人学校保护规定》第八条特别指出：“学校不得设置侵犯学生人身自由的管理措施，不得对学生在课间及其他非教学时间的正当交流、游戏、出教室活动等言行自由设置不必要的约束。”儿童享有财产权，学校及教职工不得对儿童实施罚款，不得永久没收或者毁损儿童的个人财物，不得实施乱收费行为。

当前，学校、幼儿园等教育机构在维护儿童合法权益的过程中，需要着力做好以下三个方面的工作。

(1)预防校园安全事故。

教育机构应当提供符合安全标准的教育教学和生活设施、设备，建立、健全安全管理制度，对儿童开展安全教育、加强安全管理，发生事故后要及时、妥当地救助受害儿童，切实保护在校、在园儿童的安全和健康。

(2)预防和妥善处置学生欺凌事件。

学生欺凌，是指发生在学生之间，一方蓄意或者恶意通过肢体、语言及网络等手段实施欺压、侮辱，造成另一方人身伤害、财产损失或者精神损害的行为。《未成年人学校保护规定》将学生欺凌分为五类：第一，殴打、脚踢、掌掴、抓咬、推撞、拉扯等侵犯他人身体或者恐吓威胁他人；第二，以辱骂、讥讽、嘲弄、挖苦、起侮辱性绰号等方式侵犯他人人格尊严；第三，抢夺、强拿硬要或者故意毁坏他人财物；第四，恶意排斥、孤立他人，影响他人参加学校活动或者社会交往；第五，通过网络或者其他信息传播方式捏造事实诽谤他人、散布谣言或者错误信息诋毁他人、恶意传播他人隐私。学生欺凌事件会损害学生的身心健康，因此，学校应当建立学生欺凌防控工作制度，对教职工、学生开展防治学生欺凌的教育和培训，及时发现并制止学生欺凌行为。教职工应当关注因身体条件、家庭背景或者学习成绩等可能处于弱势或者特殊地位的学生，发现学生存在被孤立、排挤等情形的，应当及时干预。教职工发现学生有明显的情绪反常、身体损伤等情形，应当及时沟通了解情况，可能存在被欺凌情形的，应当及时向学校报告。学校应当教育、支持学生主动、及时报告所发现的欺凌情形，保护自身和他人的合法权益。对实施欺凌的学生应当依法、依规进行管教和惩戒，妥善保护和帮助受伤害的学生。

学习笔记

(3)预防针对儿童的性侵害、性骚扰行为。

学校、幼儿园等教育机构应当对教职工加强教育和管理，建立、健全相关安全制度，预防性侵害、性骚扰未成年人等违法犯罪行为。根据《未成年人学校保护规定》，学校应当采取必要措施预防并制止教职工以及其他进入校园的人员实施以下行为：第一，与学生发生恋爱关系、性关系；第二，抚摸、故意触碰学生身体特定部位等猥亵行为；第三，对学生作出调戏、挑逗或者具有性暗示的言行；第四，向学生展示传播包含色情、淫秽内容的信息、书刊、影片、音像、图片或者其他淫秽物品；第五，持有包含淫秽、色情内容的视听、图文资料；第六，其他构成性骚扰、性侵害的违法犯罪行为。学校还应当对未成年人开展适合其年龄的性健康教育，提高未成年人防范性侵害、性骚扰的自我保护意识和能力。

根据九部门《关于建立侵害未成年人案件强制报告制度的意见(试行)》，中小学校、幼儿园等教育机构及托儿所等托育服务机构，在工作中发现未成年人遭受或者疑似遭受不法侵害以及面临不法侵害危险的，应当立即向公安机关报案或举报。

案例与思考

发生学生踩踏事故　校长和体育教师被判刑

据中国新闻网报道，2015 年 6 月 5 日，昆明市盘龙区人民法院对致 6 死 35 伤的昆明××小学踩踏事故案作出一审判决：××小学校长李某、副校长杨某、体育教师李某程犯教育设施重大安全事故罪，被分别判处 2 年至 1 年不等有期徒刑。

法院经审理查明，2004 年，盘龙区××小学将位于昆明市某校园内的教职工宿舍楼 1 单元 2～7 层的 10 套宿舍改变用途，用于组织学生集体午休。被告人李某作为校长，杨某作为分管后勤和安全工作的副校长，明知该宿舍楼作为学生午休楼使用明显不符合国家标准文件《中小学校设计规范》等相关要求，存在重大安全隐患，且未采取有效的防范措施并一直使用。2014 年 9 月 25 日 17 时许，被告人李某程作为该校体育教师，违反体育器材使用管理的相关规定，擅自将教学使用的两块海绵垫倚墙立放于午休楼一楼楼道处。次日 14 时许，该校一、二年级 500 余名小学生结束午休，在经过一楼过道返回教室上课时，因立放于过道的海绵垫倾倒，在楼道上阻碍学生顺利通行，致大量学生相互叠加挤压，引发严重踩踏伤亡事故。此次事故共计造成 6 名小学生死亡，35 人不同程度受伤。

●讨论与思考：在安全问题上，学校、学前教育机构对在校、在园儿童负有哪些义务？应当如何防范校园安全事故的发生？

(三)社会保护

社会保护，是指社会各界包括基层群众自治组织、社区、人民团体、企业事业单位、社会组织以及其他组织和个人，积极开展有利于未成年人健康成长的社会活动和服务，共同为未成年人创造良好的成长环境。儿童不只是生活在家庭和学校之中，还成长于复杂的社会大环境之下，受其影响。关爱和保护儿童是社会各界的共同责任，全社会应当树立关心、爱护儿童的良好风尚。

当前，对儿童的社会保护主要围绕以下几个方面的工作展开。

学习笔记

1. 发挥社区在儿童保护工作中的积极作用

社区应当设置专人专岗负责未成年人保护工作，协助政府有关部门宣传未成年人保护方面的法律法规，指导、帮助和监督未成年人的父母或者其他监护人依法履行监护职责，建立留守未成年人、困境未成年人的信息档案并给予关爱帮扶。

2. 鼓励社会机构为儿童提供丰富多彩的文体、娱乐参与机会

图书馆、博物馆、科技馆、美术馆、影剧院、体育场馆、动物园、公园等文体、娱乐机构应当按照有关规定对未成年人免费或者优惠开放，满足儿童的休闲、娱乐需求，促进儿童的身心健康和发展。

3. 鼓励社会公共服务机构、公共场所为儿童提供便利或优惠服务

城市公共交通以及公路、铁路、水路、航空客运等应当按照有关规定对未成年人实施免费或者优惠票价。鼓励大型公共场所、公共交通工具、旅游景区景点等设置母婴室、婴儿护理台以及方便幼儿使用的坐便器、洗手台等卫生设施，为未成年人提供便利。任何组织或者个人不得违反有关规定，限制未成年人应当享有的照顾或者优惠。

4. 鼓励传媒、出版机构为儿童创作健康、有益的文化产品

鼓励相关机构创作、出版、制作和传播有利于未成年人健康成长的图书、报刊、电影、广播电视节目、音像制品和网络信息等文化产品。同时严禁任何组织或者个人制作、复制、出版、发布、传播含有淫秽、色情、暴力、邪教、迷信、赌博、引诱自杀、恐怖主义、分裂主义、极端主义等危害未成年人身心健康的内容的相关产品。

5. 保障未成年人在劳动和就业方面的合法权益

任何组织或者个人不得招用未满16周岁的未成年人，国家另有规定的除外。严禁安排已满16周岁的未成年人从事过重、有毒、有害的劳动或者危险作业。任何组织或者个人不得组织未成年人进行危害其身心健康的表演等活动。经未成年人的父母或者其他监护人同意，未成年人参与演出、节目制作等活动，活动组织方应当根据国家有关规定，保障未成年人合法权益。

6. 保障未成年人的身心安全、人格尊严不受任何组织和个人的侵犯

禁止拐卖、绑架、虐待、非法收养未成年人，禁止对未成年人实施性侵害、性骚扰。禁止胁迫、诱骗、利用未成年人乞讨。禁止向未成年人销售烟、酒、彩票或者兑付彩票奖金。旅馆、宾馆、酒店等住宿经营者接待未成年人入住，或者接待未成年人和成年人共同入住时，应当询问父母或者其他监护人的联系方式、入住人员的身份关系等有关情况；发现有违法犯罪嫌疑的，应当立即向公安机关报告，并及时联系未成年人的父母或者其他监护人。任何组织和个人不得隐匿、毁弃、非法删除未成年人的信件、日记、电子邮件或者其他网络通信内容，不得侵犯未成年人的个人隐私。新闻媒体采访报道涉及未成年人事件应当客观、审慎和适度，不得侵犯未成年人的名誉、隐私和其他合法权益。

（四）网络保护

网络保护，是指全社会各个相关主体共同参与、各司其职，保障未成年人网络空间安全，保护未成年人合法网络权益，营造健康、文明、有序的网络环境，促进未成年人健康成长。在信息时代，网络对人们生活的影响无所不在、愈发深

学习笔记

刻，儿童的生活和学习很难离得开网络。然而，由于儿童的身心尚处于成长阶段，辨别力和自控力有限，自我保护意识和能力较弱，在使用网络过程中很容易受到不良影响和伤害。对儿童的网络保护，需要政府部门、司法机构、企业、社会组织、学校、家庭和个人共同努力、各尽其责。

对儿童的网络保护，重点应当体现在以下几个方面。

1. 禁止有害儿童身心健康的不良网络信息

国家应当鼓励和支持有利于未成年人健康成长的网络内容的创作与传播。网信部门及其他有关部门应当根据保护不同年龄阶段未成年人的需要，确定可能影响未成年人身心健康的网络信息的种类、范围和判断标准。智能终端产品的制造者、销售者应当在产品上安装未成年人网络保护软件，或者以显著方式告知用户未成年人网络保护软件的安装渠道和方法。未成年人的父母或者其他监护人应当通过在智能终端产品上安装未成年人网络保护软件、选择适合未成年人的服务模式和管理功能等方式，避免未成年人接触危害或者可能影响其身心健康的网络信息。网络服务提供者发现用户发布、传播含有危害未成年人身心健康的内容的信息的，应当立即停止传输相关信息，采取删除、屏蔽等处置措施，保存有关记录，并向网信、公安等部门报告。

2. 防范未成年人沉迷网络

国家、社会、学校和家庭应当加强未成年人网络素养宣传教育，培养和提高未成年人的网络素养，增强未成年人科学、文明、安全、合理使用网络的意识和能力。教育、卫生健康、新闻出版、文化旅游、网信等部门应当开展预防未成年人沉迷网络的宣传教育，监督网络产品和服务提供者履行预防未成年人沉迷网络的义务。网络产品和服务提供者应当避免向未成年人提供可能诱导其沉迷的内容，网络游戏、网络直播、网络音视频、网络社交等网络服务提供者应当针对未成年人使用其服务设置相应的时间管理、权限管理、消费管理等功能。学校发现未成年学生沉迷网络的，应当及时告知其父母或者其他监护人，共同对未成年学生进行教育和引导，帮助其恢复正常的学习生活。未成年人的父母或者其他监护人应当提高网络素养，合理安排未成年人使用网络的时间，有效预防未成年人沉迷网络。

3. 保护未成年人网上个人信息安全

网络运营者收集、使用、转移、披露未成年人个人信息的，应当以显著、清晰的方式告知未成年人监护人，征得未成年人监护人的同意，并应当遵循正当必要、知情同意、目的明确、安全保障、依法利用的原则。未成年人及其父母或者其他监护人要求网络运营者更正、删除未成年人个人信息的，网络运营者应当及时采取措施予以更正、删除，但法律、行政法规另有规定的除外。网络服务提供者发现未成年人通过网络发布的个人信息涉及私密内容的，应当及时提示，并采取相应的保护措施。

4. 保护未成年人免受网络欺凌和其他违法犯罪行为的伤害

网信部门及其他有关部门应当加强对未成年人网络保护工作的监督检查，依法惩处利用网络从事的危害未成年人身心健康的活动，为未成年人提供安全、健康的网络环境。任何组织或者个人不得通过网络以文字、图片、音视频等形式，对未成年人实施侮辱、诽谤、威胁或者恶意损害形象等网络欺凌行为。遭受网络欺凌的未成年人及其父母或者其他监护人有权通知网络服务提供者采取删除、屏蔽、断开链接等措施，网络服务提供者接到通知后，应当及时采取必要的措施制止网络欺凌行为，防止信息扩散。网络服务提供者发现用户利用其网络服务对未成年人实施违法犯罪行为的，应当立即停止向该用户提供网络服务，保存有关记录，并向公安机关报告。

案例与思考

净化网络空间　严惩“童星招募”背后的性侵害犯罪

据最高人民检察院报道，2016 年 5 月至 2017 年 5 月，曲某某为寻求性刺激，通过某聊天软件，冒充某影视公司的女性工作人员，以招募童星需先行检查身体发育情况为由，先后诱骗、唆使被害女童张某某、李某某等人(年龄均在 10～13 岁)拍摄自身隐私部位的不雅照片、视频等供其观看。上海市嘉定区人民检察院受理案件后，及时向公安机关提出意见，对涉案电脑中的电子数据进行恢复和固定，进而查明多名被害人的身份信息，最终查证曲某某通过网络猥亵各地女童 11 人的犯罪事实。2018 年 3 月，检察机关以曲某某涉嫌猥亵儿童罪向法院提起公诉。法院以曲某某犯猥亵儿童罪，判处其有期徒刑 10 年。

随着互联网的普及，利用网络社交平台猥亵儿童的新型性侵害案件频发，严重侵害未成年人的人格尊严和身心健康。本案利用“童星招募”实施性侵害犯罪，一方面暴露出被害儿童涉世未深，缺乏辨识能力和自我保护意识，另一方面也凸显了未成年人使用网络社交平台带来的安全隐患，应对该类犯罪行为依法予以严厉打击，有效净化网络空间。

●讨论与思考：如何防范不法分子利用网络实施针对儿童的违法犯罪行为？

学习笔记

(五)政府保护

政府保护，是指各级人民政府及其职能部门依法履行对儿童的保护职责，维护儿童的合法权益，保障未成年人平安、健康成长。政府在儿童保护事业中起着统筹规划、领导、组织、监督等特殊、重大的作用。应当明确各级人民政府及其职能部门承担儿童保护工作的具体职责，建立、健全相关工作机制，完善责任追究制度。

在儿童保护事业中，政府保护的职能主要体现在以下几个方面。

1. 设立专门机构、安排专门人员负责儿童保护工作

县级以上人民政府应当将未成年人保护工作纳入国民经济和社会发展规划，建立未成年人保护工作协调机制，统筹、协调、督促、指导有关部门在各自职责范围内做好未成年人保护工作。县级以上人民政府承担未成年人保护工作协调机制的具体工作的职能部门应当明确相关内设机构或者专门人员，负责承担未成年人保护工作。乡镇人民政府和街道办事处应当设立未成年人保护工作站或者指定专门人员，及时办理未成年人相关事务；支持、指导居民委员会、村民委员会设立专人专岗，做好未成年人保护工作。

2. 发展各类教育，保障儿童的受教育权，满足儿童的发展需求

各级人民政府应当保障未成年人受教育的权利，并采取措施保障留守未成年人、困境未成年人、残疾未成年人接受义务教育；应当发展托育、学前教育事业，

学习笔记

办好婴幼儿照护服务机构、幼儿园，支持社会力量依法兴办母婴室、婴幼儿照护服务机构、幼儿园；应当发展职业教育，保障未成年人接受职业教育或者职业技能培训，鼓励和支持人民团体、企业事业单位、社会组织为未成年人提供职业技能培训服务；应当保障残疾未成年人在普通学校、幼儿园或者特殊教育学校、幼儿园接受相应教育。

3. 保障校园及其周边安全

地方人民政府及其有关部门应当保障校园安全，监督、指导学校、幼儿园等单位落实校园安全责任，建立突发事件的报告、处置和协调机制。公安机关和其他有关部门应当依法维护校园周边的治安和交通秩序，设置监控设备和交通安全设施，预防和制止侵犯未成年人合法权益的违法犯罪行为。

4. 对困境儿童实施特殊保护

各级人民政府及其有关部门对困境未成年人实施分类保障，采取措施满足其生活、教育、安全、医疗康复、住房等方面的基本需要。对于监护缺失、监护不当的临时困境儿童，民政部门应当依法对其进行临时监护，并可以采取委托近亲属抚养、家庭寄养等方式进行安置，也可以交由未成年人救助保护机构或者儿童福利机构进行收留、抚养。对于监护缺失、监护不当的长期困境儿童，民政部门应当依法对其进行长期监护；民政部门进行收养评估后，可以依法将其长期监护的未成年人交由符合条件的申请人收养。县级以上人民政府及其民政部门应当根据需要设立未成年人救助保护机构、儿童福利机构，负责收留、抚养由民政部门监护的未成年人。

5. 建立、完善儿童保护的投诉、咨询渠道和相关信息查询系统

县级以上人民政府应当开通全国统一的未成年人保护热线，及时受理、转介侵犯未成年人合法权益的投诉、举报；应当鼓励和支持人民团体、企业事业单位参与建设未成年人保护服务平台、服务热线、服务站点，提供未成年人保护方面的咨询、帮助。国家应当建立性侵害、虐待、拐卖、暴力伤害等违法犯罪人员信息查询系统，向密切接触未成年人的单位提供免费查询服务。

（六）司法保护

对儿童的司法保护，是指公安机关、人民检察院、人民法院以及司法行政部门依法履行职责，在各自职能范围内对未成年人实施专门的保护。司法机构的履职活动具有权威性和强制性，在儿童保护事业中起着独特的作用。对儿童的司法保护，是一个国家法治进步和司法文明的重要标志，也是司法人权保障的重要体现。

根据相关法律规定以及儿童的实际情况需要，对儿童的司法保护主要体现在以下几个方面。

1. 在涉及儿童的司法活动中，贯彻便利儿童、有利于保护儿童权益的原则

首先，应当设立专门机构(如人民检察院未成年人案件检察处、少年法院、少年法庭、少年合议庭等)，指定受过专门培训、熟悉未成年人身心特点的专门人员负责办理涉及未成年人案件。其次，办理涉及未成年人案件，应当考虑未成年人身心特点和健康成长的需要，使用未成年人能够理解的语言和表达方式，听取未成年人的意见。再次，办案机构以及其他组织和个人不得披露有关案件中未成年

学习笔记

人的姓名、影像、住所、就读学校以及其他可能识别出其身份的信息，但查找失踪、被拐卖未成年人等情形除外。最后，对需要法律援助或者司法救助的未成年人，法律援助机构或者公安机关、人民检察院、人民法院以及司法行政部门应当给予帮助，依法为其提供法律援助或者司法救助。

2. 在民事案件中对儿童的专门保护

未成年人合法权益受到侵犯，相关组织和个人未代为提起诉讼的，人民检察院可以督促、支持其提起诉讼；涉及公共利益的，人民检察院有权提起公益诉讼。人民法院审理继承案件，应当依法保护未成年人的继承权和受遗赠权；审理离婚案件，涉及未成年子女抚养问题的，应当尊重已满 8 周岁未成年子女的真实意愿，根据双方具体情况，按照最有利于未成年子女的原则依法处理。未成年人的父母或者其他监护人不依法履行监护职责或者严重侵犯被监护的未成年人合法权益的，人民法院可以根据有关人员或者单位的申请，依法作出人身安全保护令或者撤销监护人资格。

3. 在刑事案件中对未成年被害人、证人的特别保护

公安机关、人民检察院、人民法院询问未成年被害人、证人，应当依法通知其法定代理人或者其成年亲属、所在学校的代表等合适成年人到场，并采取适当方式，在适当场所进行，保障未成年人的名誉权、隐私权和其他合法权益。办理未成年人遭受性侵害或者严重暴力伤害案件，在询问未成年被害人、证人时，应当采取同步录音录像等措施，尽量一次完成；未成年被害人、证人是女性的，应当由女性工作人员进行。对遭受性侵害或者严重暴力伤害的未成年被害人及其家庭，应当采取必要的心理干预、经济救助、法律援助、转学安置等保护措施。

4. 对违法犯罪未成年人的专门保护

对违法犯罪的未成年人，实行教育、感化、挽救的方针，坚持教育为主、惩罚为辅的原则，并应当依法予以从轻、减轻或者免除处罚。对违法犯罪的未成年人依法处罚后，在升学、就业等方面不得歧视。未成年人对其他未成年人实施的性侵害案件，存在利益保护平衡问题。《最高人民法院 最高人民检察院 公安部 司法部关于依法惩治性侵害未成年人犯罪的意见》首先明确了平衡保护原则，该意见第四条规定："对于未成年人实施性侵害未成年人犯罪的，应当坚持双向保护原则，在依法保护未成年被害人的合法权益时，也要依法保护未成年犯罪嫌疑人、未成年被告人的合法权益。"平衡保护原则（双向保护原则）体现了对违法犯罪未成年人的特殊保护。

案例与思考

在办理刑事案件中对受害儿童进行特殊保护

据最高人民检察院资料，2017 年 6 月，赵某某对 6 岁小女孩小朵实施猥亵。浙江省宁波市鄞州区检察院通过与区公安分局的信息共享机制收到该案信息后，迅速指派检察人员提前介入侦查，与侦查人员一起将被害女童带至该院设于鄞州第二医院的"一站式"询问场所——未成年人保护工作站，开展询问。这个询问场所模拟家庭儿童房，布置符合未成年人身心特点，环境温馨舒适，配备有同步录音录像系统和身体检查室。被害人到场后，检察人员按照合作协议，通知医院女性医师对被害人进行身体检查，并提取了相关证据。针对被害人年龄幼小、紧张、焦虑、恐惧、不愿意开口等问题，检察人员还同时邀请合作单位的心理医生介入，通过沙盘治疗、音乐治疗椅放松等方式进行初步心理干预。办案人员用讲故事、做游戏等方式与被害人建立亲密关系，借助卡通玩偶使被害人详细还原了案件真实情况。整个询问过程进行了同步录音录像，案件此后诉讼中没有再询问被害人。在询问结束后，经被害人父母同意，将被害人转介至宁波市心理咨询中心进行专业诊断、治疗。现被害人恢复良好，正常就读于某幼儿园。案发后，赵某某一直拒不认罪。检察机关以赵某某涉嫌猥亵儿童罪向法院提起公诉，并在庭审中提交了有关"一站式"取证材料，播放了询问被害人的同步录音录像。在事实和证据面前，赵某某当庭认罪。法院最后以犯猥亵儿童罪判处赵某某有期徒刑10个月。

●讨论与思考：在办理刑事案件过程中，如何体现对儿童的司法保护？

思考与应用

1. 谈一谈你对"儿童最大利益原则"的理解。

2.《未成年人保护法》确定的儿童权利保障的原则是什么？贯彻这一原则应当遵循哪些要求？

3. 谁是未成年人的监护人？监护人的监护职责包括哪些内容？

4. 什么是儿童的学校保护？学校保护体现在哪些方面？

5. 什么是儿童的社会保护？怎样进行社会保护？

6. 什么是儿童的网络保护？如何开展网络保护？

7. 什么是儿童的政府保护？政府保护的职责主要表现在哪些方面？

8. 什么是儿童的司法保护？当前我国对儿童的司法保护主要体现在哪些方面？

9. 活动设计：参观、访问一次人民检察院的未成年人工作部门或者人民法院的未成年人审判部门，了解我国司法实践中如何贯彻对儿童的司法保护。

专题小结

儿童享有生存权、发展权、受保护权和参与权四大基本权利。儿童的生存权，是指儿童享有的生命和健康受到保护、生活条件获得保障的权利。儿童的发展权，是指儿童享有充分发展其身心潜能，促进个人的身体、心理、智力、道德、个性等方面均衡、全面发展的权利。儿童的受保护权，是指儿童享有受到适当照料和保护，免受歧视、凌辱、虐待、忽视、剥削、酷刑等伤害，以及在面临困境时能够及时获得特殊照顾和服务的权利。儿童的参与权，是指儿童享有参与家庭、文化和社会生活，并对影响到其本人的一切事项自由地发表意见、参与决策的权利。

保护儿童是全社会的共同责任。处理涉及儿童的一切事务，应当遵循"儿童最大利益原则"。在我国，保障儿童利益应当坚持"最有利于儿童的原则"。

我国的现行法律从各个方面构筑了一个儿童权利保障的网络体系，包括家庭保护、学校保护、社会保护、网络保护、政府保护和司法保护。

学习反思

专题三
学前教育机构的法律地位

本专题将学习学前教育机构的设立条件与设立程序，以及设立后的学前教育机构具有何种法律地位，其享有的权利和义务是什么。

学前教育机构是指对小学前的适龄儿童实施保育和教育活动的教育机构，最常见的学前教育机构就是幼儿园。虽然目前我国并没有将学前教育纳入义务教育的范畴，但学前教育阶段对于幼儿的身心健康发展具有至关重要的作用。对学前教育机构进行规范化管理是保障幼儿教育质量的关键，因此，以法律的形式对学前教育机构的设立、法律地位以及权利、义务进行规定显得尤为重要。

学习目标

1. 掌握举办幼儿园需要具备的主体资格和法定条件。
2. 掌握审批登记制度的含义，了解审批登记制度的程序。
3. 掌握学前教育机构的法律地位。
4. 掌握学前教育机构的法定权利与法定义务。

学习主题一
学前教育机构的设立

学习笔记

情境导入

办园须经法定程序①

许某决心办一所幼儿园，他经过咨询了解到办园所需要的种种条件。于是，他将一处旧厂房进行了彻底的改造以符合建园标准，购置了合适的室外大型游戏设施以及室内必备的教学用具，从当地一所小有名气的民办幼儿园挖来了老教师做园长，从幼儿师范学校招聘了几位拥有幼儿教师资格证的毕业生作为首批教师，从人才市场和劳务市场聘用了保健医生、保育员和厨师。在此基础上，他与园长讨论制定了幼儿园的简易章程，将幼儿园定名为“雪绒花幼儿园”，并与园长另行投入15万元作为幼儿园日常运作的资金，幼儿园正式投入运营。但幼儿园并未按照法定程序登记注册。

一年后，当地教育部门接到幼儿园周围群众举报称有人在非法办园。最终，雪绒花幼儿园因未经法定程序办园被勒令停止办园，创办者许某也受到行政处罚。

一、学前教育机构的设立条件 >>>>>>>>>>>>>>>>>>>>>>>>

学前教育是终身学习的开端，是国民教育体系的重要组成部分，是重要的社会公益事业。办好学前教育、实现幼有所育，是党的十九大作出的重大决策部署，是党和政府为老百姓办实事的重大民生工程，关系到亿万儿童的健康成长，关系到社会的和谐稳定，关系到党和国家事业的未来。据教育部发布的各年度全国教育事业发展统计公报，2015年，全国共有幼儿园22.37万所，比上年增加1.38万所；2016年，全国共有幼儿园23.98万所，比上年增加1.61万所；2017年，全国共有幼儿园25.50万所，比上年增加1.52万所，增长6.31%；2018年，全国共有幼儿园26.67万所，比上年增加1.17万所，增长4.60%；2019年，全国共有幼儿园28.12万所，比上年增加1.45万所，增长5.44%。2020年，全国共有幼儿园29.17万所，比上年增加1.05万所，增长3.75%。我国幼儿园数量众多，且处于一个增长较快的时期。为了保障适龄儿童接受学前教育的权利，促进学前教育事业普及普惠安全优质发展，规范学前教育机构的办学行为，我国法律法规对学前教育机构的设立条件加以明确，对主体资格和法定条件作出了规定。

① 周小虎、郎国东：《学前教育政策与法规》，107页，北京，中国人民大学出版社，2019。

视频：学前教育机构的法律地位

学习笔记

（一）主体资格

1. 许可性规定

《宪法》第十九条第二款和第四款分别规定："国家举办各种学校，普及初等义务教育，发展中等教育、职业教育和高等教育，并且发展学前教育。""国家鼓励集体经济组织、国家企业事业组织和其他社会力量依照法律规定举办各种教育事业。"《宪法》确立了我国教育机构的二分格局，即公办教育机构和民办教育机构。《教育法》第二十六条第一款和第二款分别规定："国家制定教育发展规划，并举办学校及其他教育机构。""国家鼓励企业事业组织、社会团体、其他社会组织及公民个人依法举办学校及其他教育机构。"国家既是制定教育发展规划的主体，也是我国学校及其他教育机构的主要举办主体。同时，对于企业事业组织、社会团体、其他社会组织及公民个人等国家机构以外的社会主体举办学校及其他教育机构，国家持鼓励态度。为鼓励和规范民办教育的发展，我国还专门制定了《民办教育促进法》。

在我国，幼儿园通常可以被分为公办幼儿园和民办幼儿园，二者的举办主体不同。公办幼儿园是由政府及其有关部门举办，或者军队、国有企业、人民团体、高等学校等事业单位，街道和村集体等集体经济组织利用财政经费或者国有资产、集体资产举办的幼儿园。民办幼儿园是前述公办幼儿园的举办主体以外的其他社会组织和个人举办的幼儿园，利用的是非国家财政性经费、非国有资产和非集体资产。《民办教育促进法》第十九条第一款规定："民办学校的举办者可以自主选择设立非营利性或者营利性民办学校。但是，不得设立实施义务教育的营利性民办学校。"民办幼儿园可以依法被登记为非营利性或营利性法人。国家鼓励举办非营利性民办幼儿园，其中，接受财政经费补助或政府其他方式扶持、执行政府收费指导价的为普惠性民办幼儿园。《中共中央 国务院关于学前教育深化改革规范发展的若干意见》指出："牢牢把握公益普惠基本方向，坚持公办民办并举，加大公共财政投入，着力扩大普惠性学前教育资源供给。"

由此可见，我国法律并没有对幼儿园举办主体的种类做过多限制。放宽举办主体的种类有利于学前教育事业的快速进步，多主体共同促进学前教育市场的发展。然而，鼓励多元化的幼儿园举办主体并不代表对主体资格不做限制。

2. 禁止性规定

(1)举办限制。

法律法规对于国有资产和集体资产介入学前教育机构的方式进行了限制。任何组织或者个人不得利用财政资金、国有资产、集体资产举办或者支持举办营利性幼儿园。公办幼儿园不得转制为民办幼儿园。公办幼儿园不得举办或参与举办营利性民办幼儿园和民办教育机构。

首先，国有资产和集体资产不得举办和支持举办营利性幼儿园。国有资产和集体资产举办的幼儿园为公办幼儿园，具有公益性质，其目的是为适龄幼儿提供普惠教育，不应当掺杂任何营利性质。因此，我国法律法规对公有资产进入营利性幼儿园进行了限制。其次，公办幼儿园不得以转制的形式或者以举办人、参与人的身份进入到民办教育机构中。

值得注意的是，法律法规并没有限制政府通过财政经费补助或以其他方式扶

学习笔记

持非营利性民办幼儿园。国家鼓励举办非营利性民办幼儿园，规定非营利性和营利性民办幼儿园在财政、税收优惠、用地、收费等方面的差别化扶持政策，明确了国家鼓励方向。其中，接受财政经费补助或政府其他方式扶持、执行政府收费指导价的为普惠性民办幼儿园。公办幼儿园和普惠性民办幼儿园应当提供普惠性学前教育服务。

(2)逐利限制。

学前教育既是私人产品，也是公共产品。《民办教育促进法》规定，不论营利性还是非营利性民办教育，都"属于公益性事业"。① 从学前教育公益性的根本属性出发，办幼儿园就不是办企业。在资本逐利性和学前教育公益性发生冲突的时候，首先应该坚守的是"儿童最大利益原则"，应该把儿童的生命和健康、学前教育公益性放在首位，优先保障学前教育公益性。因此，我国学前教育政策法规中有逐利限制条款，规定：不得通过兼并收购、受托经营、加盟连锁、利用可变利益实体、协议控制等方式控制公办幼儿园、非营利性民办幼儿园；股份有限公司不得通过股票市场融资投资营利性幼儿园，不得通过发行股份或支付现金等方式购买营利性民办幼儿园资产；实施加盟、连锁行为的营利性民办幼儿园应当取得省级优质幼儿园资质。

对于公办幼儿园和非营利性民办幼儿园，法律法规对其逐利行为进行了严格规定，其原因在于资本市场的风险性与普惠性幼儿园要求稳定的办学理念存在冲突，一旦普惠性幼儿园进入资本市场，幼儿园的发展以及幼儿的受教育权很可能直接受到资本变动的影响。

对于营利性民办幼儿园，法律虽然不排斥其谋求收益，但为了保证幼儿园实际控制人的稳定性以及幼儿的权益能够受到有效保障，对其营利行为也进行了规定。禁止股份有限公司以现金或融资等方式购买营利性民办幼儿园，可以避免学前教育过度产业化。同时，为了保障加盟、连锁幼儿园的资质和办学质量，只有省级优质幼儿园才能实施加盟、连锁行为。

(二)法定条件

1. 举办幼儿园的法定条件

根据我国相关法律规定，设立幼儿园应当具备下列基本条件。

(1)有组织机构和章程。

学校章程是学校成立的基本要件。学校章程的这一法律地位既是世界上许多国家的立法通例，也得到我国法律的确认。《教育法》第二十七条规定，设立学校及其他教育机构，必须有组织机构和章程。《教育法》第二十九条规定，学校按照章程自主管理。章程作为学校依法自主办学、实施管理和履行公共职能的基本准则，对学校办学活动具有重要的意义。② 幼儿园的有效运行要有规范的章程，以确定幼儿园的办园理念和运转机制，同时要建立完善的组织构架，以保证园内各项事务的有序运转。

幼儿园章程通常包括幼儿园的名称、教育宗旨与培养目标、保教工作的主要

---

① 湛中乐、倪洪涛、马雷军等：《〈学前教育法(草案)〉笔谈》，载《湖南师范大学教育科学学报》，2020(6)。

② 彭宇文：《中小学幼儿园章程建设实践考察——基于章程文本视角的实证分析》，载《教育研究》，2016(9)。

学习笔记

内容、内部管理体制、财务管理制度、人事管理制度、章程的修改以及其他必要事项。幼儿园章程是幼儿园各项工作运行的重要依据。我国现行《教育法》强制规定章程是申报设立幼儿园的重要条件之一。对于《教育法》实施前已经合法建立而未制定章程的幼儿园，《国家教委关于实施〈中华人民共和国教育法〉若干问题的意见》要求依法逐步制定和完善章程，并报主管部门审核。章程制定工作在近几年进入冲刺收官阶段。根据教育部及省、市、区教育行政部门统一部署，各地中小学幼儿园章程制定及核准发布工作基本上都是要求在 2019 年前完成，以实现原定的“一校一章程”工作目标。因此，幼儿园基本上都有了自己的章程。

幼儿园的内部机构设置通常包括园长室、保教室、办公室、教职工大会、财务室、家长委员会等。幼儿园实行园长负责制。幼儿园园长由举办者依法任命或者聘任，并报当地教育行政部门备案。幼儿园应当建立教职工大会制度或者教职工代表会议制度，依法加强民主管理和监督。幼儿园应当设立家长委员会，家长委员会参与幼儿园日常管理与监督。应充分发挥幼儿园党组织作用，保障正确办园方向，认真做好教职工思想政治工作，厚植立德树人基础。

(2)有符合标准的园长、教师和其他工作人员。

幼儿园教师通常是幼儿人生中第一位教育机构类教师，他们在园内对幼儿不只负有保护责任，传授的知识以及一言一行对于幼儿都具有启蒙作用，其职业道德与专业技能甚至能够影响幼儿一生的身心健康。因此，对于幼儿教育从业者的资质应当严格加以规定。《幼儿园管理条例》第九条对幼儿园从业人员的条件作出了明确的规定：“举办幼儿园应当具有符合下列条件的保育、幼儿教育、医务和其他工作人员：(一)幼儿园园长、教师应当具有幼儿师范学校(包括职业学校幼儿教育专业)毕业程度，或者经教育行政部门考核合格。(二)医师应当具有医学院校毕业程度，医士和护士应当具有中等卫生学校毕业程度，或者取得卫生行政部门的资格认可。(三)保健员应当具有高中毕业程度，并受过幼儿保健培训。(四)保育员应当具有初中毕业程度，并受过幼儿保育职业培训。慢性传染病、精神病患者，不得在幼儿园工作。”

国家实行学前教育教师资格制度和园长任职资格制度。幼儿园教师应当取得学前教育教师资格；已取得中小学教师资格的，应当经省、自治区、直辖市人民政府教育行政部门组织的专业培训并取得合格证书后，方可在幼儿园任教。幼儿园园长应当具有幼儿园教师资格、大学专科以上学历、3 年以上幼儿园工作经历和一定的组织管理能力，并取得幼儿园园长岗位培训合格证书。

也就是说，普通幼儿园教师应当具备国家承认的学前教育教师资格；取得中小学教师资格的教师需要完成专业培训，才可从事学前教育教师工作；除具备幼儿教师基本资质外，法律对于幼儿园园长的学历、职称、工作经历、培训经历具有更严格的要求。

除园长和教师外，幼儿园应当按照标准配备保育员和必要的保健人员、后勤服务人员、安全保卫人员和财务人员等其他工作人员。幼儿园其他工作人员应当符合国家和地方规定的从业要求。

(3)符合国家规定的选址要求，设置在安全区域内。

《幼儿园管理条例》第七条规定：“举办幼儿园必须将幼儿园设置在安全区域

内。严禁在污染区和危险区内设置幼儿园。”《国务院办公厅关于加强中小学幼儿园安全风险防控体系建设的意见》指出：“学校建设规划、选址要严格执行国家相关标准规范，对地质灾害、自然灾害、环境污染等因素进行全面评估。”

保障幼儿的身心健康是幼儿园教学工作的核心，幼儿的身体与心理发育都处于初级阶段，受环境影响较成年人更大。安全的园区环境是保障幼儿基本权益以及身心健康发展的关键，更是保证幼儿园平稳有序运行的基础。

(4)有符合标准的园舍、户外场地及玩教具、幼儿图书等设施设备。

《幼儿园管理条例》第八条规定：“举办幼儿园必须具有与保育、教育的要求相适应的园舍和设施。幼儿园的园舍和设施必须符合国家的卫生标准和安全标准。”《中小学幼儿园安全管理办法》第十四条规定：“举办学校的地方人民政府、企业事业组织、社会团体和公民个人，应当对学校安全工作履行下列职责：(一)保证学校符合基本办学标准，保证学校围墙、校舍、场地、教学设施、教学用具、生活设施和饮用水源等办学条件符合国家安全质量标准；(二)配置紧急照明装置和消防设施与器材，保证学校教学楼、图书馆、实验室、师生宿舍等场所的照明、消防条件符合国家安全规定；(三)定期对校舍安全进行检查，对需要维修的，及时予以维修；对确认的危房，及时予以改造。举办学校的地方人民政府应当依法维护学校周边秩序，保障师生和学校的合法权益，为学校提供安全保障。有条件的，学校举办者应当为学校购买责任保险。”2016 年，国家发布了《幼儿园建设标准》，为幼儿园建设提供了统一的国家技术规范标准。

《中共中央 国务院关于学前教育深化改革规范发展的若干意见》指出，幼儿园园舍条件、玩教具和幼儿图书配备应达到规定要求。国家制定幼儿园玩教具和图书配备指南，广泛征集遴选符合幼儿身心特点的优质游戏活动资源和体现中国优秀传统文化、现代生活特色的绘本；加强对玩教具和图书配备的指导，支持引导幼儿园充分利用当地自然和文化资源，合理布局空间、设施，为幼儿提供有利于激发学习探索兴趣、安全、丰富、适宜的游戏材料和玩教具，防止盲目攀比、不切实际。

园舍、场地及各种育儿设施是直接与幼儿接触的环境与物品，保证这些设施符合相关标准不应当局限于建园之时，在幼儿园后期运营过程中还应当不定期对上述设施进行检查，以保证其安全性。

(5)有必备的办学资金和稳定的经费来源。

我国学前教育实行政府投入为主、家庭合理负担、鼓励社会投入的多元筹措经费机制。公办幼儿园设立、运行过程中，财政经费是办学资金的主要来源。民办幼儿园的办学资金主要来源于举办人的资金投入，以及家庭的合理分担。

政府投入为主。财政性学前教育经费由国务院和地方各级人民政府根据职责共同承担。省、自治区、直辖市人民政府应当统筹落实，并明确地方各级人民政府分担比例。国家机构等公办单位作为幼儿园的举办人时，财政经费可直接用于幼儿园的设立、运行。因此，政府投入是公办幼儿园的主要经费来源，在这种情况下，由家庭负担的费用较少。地方各级人民政府应当按照规定的标准，在预算内足额安排学前教育经费，建立普惠性幼儿园的经费保障机制。

家庭合理负担。民办幼儿园的办学资金主要来源于举办幼儿园的其他社会组

学习笔记

织和个人，但为了保证幼儿园办学资金和经费的稳定性，通常就学幼儿的家庭也需要按比例负担相关费用。其中，普惠性民办幼儿园生均家庭分担比例由当地省、自治区、直辖市人民政府按照本地区普惠性幼儿园的办园成本加以确定。

鼓励社会投入。国家鼓励社会组织和个人向学前教育捐赠，并给予捐赠款物税收优惠。幼儿园接受社会捐赠首先应当尊重捐赠者的真实意愿，按照法定程序进行捐赠活动，将捐赠款物真正用于提升幼儿园的教育质量。切忌出现以捐赠为名义的非法集资等活动，此举违背了教育的初衷。

(6)符合法律法规规定的其他条件。

举办幼儿园还应当符合法律法规规定的其他条件。例如，幼儿园应当有自己的名称，还应当为幼儿设置科学合理的课程资源，并能够有效地保证课程实施等。

2. 设立托育机构的法定条件

2019 年 5 月，《国务院办公厅关于促进 3 岁以下婴幼儿照护服务发展的指导意见》发布。2019 年 10 月，国家卫健委发布《托育机构设置标准(试行)》和《托育机构管理规范(试行)》。这三个有关托育机构的文件对设立托育机构的法定条件进行了明确。

(1)场地设施要求。

托育机构对于开设场地的所有权或使用权应当不少于 3 年。该场地应当选择自然条件良好、交通便利、符合卫生和环保要求的建设用地，应当远离对婴幼儿成长有危害的建筑、设施及污染源，满足抗震、防火、疏散等要求。托育机构的建筑应当符合有关工程建设国家标准、行业标准，设置符合标准要求的生活用房，根据需要设置服务管理用房和供应用房。托育机构应当设置符合标准要求的安全防护设施设备。

室内场地设施方面，托育机构的房屋装修、设施设备、装饰材料等应当符合国家相关安全质量标准和环保标准，并定期进行检查维护。同时，托育机构应当配备符合婴幼儿月龄特点的家具、用具、玩具、图书和游戏材料等，以上材料应当符合国家相关安全质量标准和环保标准。室外场地设施方面，托育机构应当设有室外活动场地，配备适宜的游戏设施，且有相应的安全防护设施。在保障安全的前提下，可利用附近的公共场地和设施。

(2)人员规模要求。

《托育机构设置标准(试行)》就托育机构的人员规模作出了细化规定。托育机构收托婴幼儿数量以及配置综合管理、保育照护、卫生保健、安全保卫等工作人员的数量应当与场地规模相适应。

托育机构一般设置三种班型：针对 6～12 个月婴儿的乳儿班，每班不超过 10 人；针对 12～24 个月幼儿的托小班，每班不超过 15 人；针对 24～36 个月幼儿的托大班，每班不超过 20 人。18 个月以上的幼儿可混合编班，每班不超过 18 人。每个班的生活单元应当独立使用。

合理配备保育人员，保育人员与婴幼儿的比例应当不低于以下标准：乳儿班 1∶3，托小班 1∶5，托大班 1∶7。按照有关托儿所卫生保健规定配备保健人员、炊事人员。独立设置的托育机构应当至少有 1 名保安人员在岗。

根据国家 2020 年 1 月开始运行的托育机构备案信息系统的统计，全国已经有

学习笔记

3000 多家托育机构申请备案。然而，随着托育机构数量的稳步增加，托育服务人才供给面临着较大缺口，难以满足托育机构快速扩增的需求。调查中，乳儿班未达标准的占比为 77.80%，托小班未达标准的占比为 35.40%，托大班未达标准的占比为 37.50%。大班额现象和较低师幼比表明目前托育机构师资供给规模普遍不足、师资短缺问题突出。为此，急需加强托育服务人才供给服务体系建设，通过创新托育服务人才供给体系，积极扩充托育服务人才供给资源总量，以满足不断增长的托育服务人才需求。①

二、学前教育机构的设立程序 >>>>>>>>>>>>>>>>>>>>>>>>>

（一）举办幼儿园须经行政审批

从字面看，行政审批是审查批准的意思；从实践看，它是指行政机关经审查，依法决定是否同意相对人的申请并授予相对人从事申请名下的活动的资格或权利的一种行政行为。因此，行政审批有三个主要特征。第一，行政审批是一种依申请的行政行为。就是说，相对人的申请是启动行政审批程序的前提。第二，行政审批以法律的禁止为前提，法律对相对人从事的活动如果没有禁止性的规定，行政审批即无存在的余地。第三，行政审批具有解除法律禁止的效力，行政主体一旦批准了相对人的申请，相对人便获得了从事批准领域活动的资格或权利。② 在幼儿园创办过程中，具备前述的法定实体要件后，举办人应当向教育行政主管部门提出申请。主管部门对其上交的资料进行审查批准，允许其获得幼儿园办学资格。

《教育法》第二十八条规定："学校及其他教育机构的设立、变更和终止，应当按照国家有关规定办理审核、批准、注册或者备案手续。"《幼儿园管理条例》第十一条规定："国家实行幼儿园登记注册制度，未经登记注册，任何单位和个人不得举办幼儿园。"第十二条规定："城市幼儿园的举办、停办、由所在区、不设区的市的人民政府教育行政部门登记注册。农村幼儿园的举办、停办，由所在乡、镇人民政府登记注册，并报县人民政府教育行政部门备案。"基于此规定，我国幼儿园实行登记注册制度。《民办教育促进法》第十二条规定，"举办实施学历教育、学前教育、自学考试助学及其他文化教育的民办学校，由县级以上人民政府教育行政部门按照国家规定的权限审批"。举办民办幼儿园需要获得县级以上人民政府教育行政部门的审批，审批机关对批准正式设立的民办幼儿园发给办学许可证。

申请程序根据是否具备办学条件，可以分为直接设立申请和筹集设立申请两种。具备办学条件、达到设置标准的预设机构，可以直接申请正式设立。举办者需要向教育行政机关提交设园申请以及必要的材料。《民办教育促进法》第十五条规定："申请正式设立民办学校的，举办者应当向审批机关提交下列材料：(一)筹设批准书；(二)筹设情况报告；(三)学校章程、首届学校理事会、董事会或者其他决策机构组成人员名单；(四)学校资产的有效证明文件；(五)校长、教师、财会人员的资格证明文件。"审批机关经评估，认为其具备设立条件的，可批准其正

① 洪秀敏、朱文婷、张明珠等：《"十四五"时期我国托育服务人才队伍建设的战略思考》，载《学前教育》，2020(12)。
② 王克稳：《行政审批制度的改革与立法》，载《政治与法律》，2002(2)。

学习笔记

式成立，由教育行政机关颁发办学许可证。

尚不具备直接办学条件的申请者，可以向教育行政机关提交筹集设立申请。《民办教育促进法》第十三条规定："申请筹设民办学校，举办者应当向审批机关提交下列材料：(一)申办报告，内容应当主要包括：举办者、培养目标、办学规模、办学层次、办学形式、办学条件、内部管理体制、经费筹措与管理使用等；(二)举办者的姓名、住址或者名称、地址；(三)资产来源、资金数额及有效证明文件，并载明产权；(四)属捐赠性质的校产须提交捐赠协议，载明捐赠人的姓名、所捐资产的数额、用途和管理方法及相关有效证明文件。"主管部门经过评估认为其具备幼儿园筹建资质的，可批准其筹建，待举办者在法定的筹设期内完成筹建，具备了相应的办学条件，可以向教育主管部门申请正式设立。

（二）幼儿园须经法人登记

举办幼儿园经过审批获得办学许可证后，还需要进行法人登记。公办幼儿园按照《事业单位登记管理暂行条例》到县级以上各级人民政府机构编制管理机关所属的事业单位登记管理机关进行事业单位法人登记。《事业单位登记管理暂行条例》第六条规定："申请事业单位法人登记，应当具备下列条件：(一)经审批机关批准设立；(二)有自己的名称、组织机构和场所；(三)有与其业务活动相适应的从业人员；(四)有与其业务活动相适应的经费来源；(五)能够独立承担民事责任。"第七条规定："申请事业单位法人登记，应当向登记管理机关提交下列文件：(一)登记申请书；(二)审批机关的批准文件；(三)场所使用权证明；(四)经费来源证明；(五)其他有关证明文件。"事业单位登记管理机关应当自收到登记申请书之日起 30 日内依照该条例的规定进行审查，作出准予登记或者不予登记的决定。准予登记的，发给事业单位法人证书；不予登记的，应当说明理由。

根据教育部等五部门印发的《民办学校分类登记实施细则》，正式批准设立的非营利性民办幼儿园，符合《民办非企业单位登记管理暂行条例》等民办非企业单位登记管理有关规定的，到民政部门登记为民办非企业单位；符合《事业单位登记管理暂行条例》等事业单位登记管理有关规定的，到事业单位登记管理机关登记为事业单位；正式批准设立的营利性民办幼儿园，依据法律法规规定的管辖权限到市场监管部门办理登记。

《民办非企业单位登记管理暂行条例》第八条规定："申请登记民办非企业单位，应当具备下列条件：(一)经业务主管单位审查同意；(二)有规范的名称、必要的组织机构；(三)有与其业务活动相适应的从业人员；(四)有与其业务活动相适应的合法财产；(五)有必要的场所。民办非企业单位的名称应当符合国务院民政部门的规定，不得冠以'中国'、'全国'、'中华'等字样。"第九条规定："申请民办非企业单位登记，举办者应当向登记管理机关提交下列文件：(一)登记申请书；(二)业务主管单位的批准文件；(三)场所使用权证明；(四)验资报告；(五)拟任负责人的基本情况、身份证明；(六)章程草案。"登记管理机关应当自收到成立登记申请的全部有效文件之日起 60 日内作出准予登记或者不予登记的决定。对符合登记条件的，依法依规予以登记，并核发登记证或者营业执照；对不符合登记条件的，不予登记，并以书面形式向申请人说明理由。

正式批准设立的营利性民办幼儿园，依据《中华人民共和国公司法》(简称《公

学习笔记

司法》)和《中华人民共和国公司登记管理条例》等法律法规，向市场监管部门提交公司登记申请文件，市场监管部门依法对营利性民办幼儿园申请文件作出是否受理和准予登记的决定。根据《公司法》第七条规定，依法设立的公司，由公司登记机关发给公司营业执照。公司营业执照签发日期为公司成立日期。公司营业执照应当载明公司的名称、住所、注册资本、经营范围、法定代表人姓名等事项。

（三）托育机构须经登记和备案

根据《国务院办公厅关于促进 3 岁以下婴幼儿照护服务发展的指导意见》，举办非营利性婴幼儿照护服务机构的，在婴幼儿照护服务机构所在地的县级以上机构编制部门或民政部门注册登记；举办营利性婴幼儿照护服务机构的，在婴幼儿照护服务机构所在地的县级以上市场监管部门注册登记。婴幼儿照护服务机构经核准登记后，应当及时向当地卫生健康部门备案。登记机关应当及时将机构有关信息推送至卫生健康部门。

对于托育机构的备案管理，根据《托育机构管理规范（试行）》的规定，托育机构登记后，应当向机构所在地的县级以上卫生健康部门备案，提交评价为“合格”的《托幼机构卫生评价报告》、消防安全检查合格证明、场地证明、工作人员资格证明等材料，填写备案书和承诺书。提供餐饮服务的，应当提交食品经营许可证。卫生健康部门应当对申请备案的托育机构提供备案回执和托育机构基本条件告知书。托育机构变更备案事项的，应当向原备案部门办理变更备案。托育机构终止服务的，应当妥善安置收托的婴幼儿和工作人员，并办理备案注销手续。卫生健康部门应当将托育服务有关政策规定、托育机构备案要求、托育机构有关信息在官方网站公开，接受社会查询和监督。

小知识

《民法典》中的法人与法定代表人

第五十七条　法人是具有民事权利能力和民事行为能力，依法独立享有民事权利和承担民事义务的组织。

第五十八条　法人应当依法成立。

法人应当有自己的名称、组织机构、住所、财产或者经费。法人成立的具体条件和程序，依照法律、行政法规的规定。

设立法人，法律、行政法规规定须经有关机关批准的，依照其规定。

第六十一条　依照法律或者法人章程的规定，代表法人从事民事活动的负责人，为法人的法定代表人。

法定代表人以法人名义从事的民事活动，其法律后果由法人承受。

法人章程或者法人权力机构对法定代表人代表权的限制，不得对抗善意相对人。

思考与应用

1. 设立幼儿园需要具备哪些条件？
2. 设立托育机构需要具备哪些条件？
3. 尝试为学前教育机构设立程序画流程图。

学习主题二
学前教育机构的权利和义务

学习笔记

情境导入

教师疏于看管　幼儿玩滑梯骨折

2000 年 9 月 12 日上午，彭某等幼儿在两名老师的带领下进行户外活动。彭某在滑滑梯时，未正常下滑，而是在滑梯上跑、跳，至滑梯尾部(距地面约 40 厘米)时，从滑梯上跳下地面，致右臂摔伤骨折。彭某的监护人为此向法院起诉，要求幼儿园承担赔偿责任。幼儿园则认为其游戏设备符合国家规定的卫生和安全标准，教师也严格遵守保育制度，彭某受伤属意外事故。

人民法院经审理认为，依照有关法律和司法解释，幼儿园、学校对在其单位内生活、学习的无民事行为能力人负有保护、教育、管理的职责和义务。上述无民事行为能力人如果在该单位内受到伤害，单位有过错的，应适当予以赔偿。幼儿园在组织原告等幼儿开展滑滑梯等有一定危险性的户外活动时，其带班教师未能根据幼儿的行为特点，事先告知幼儿滑滑梯的要领和禁止的事项；当彭某在滑梯上跑、跳时，带班教师也未能及时发现、阻止。因此，幼儿园未能尽其保护幼儿人身安全的职责，对原告的受伤存在过错，应当承担民事责任。

一、学前教育机构的权利

所谓权利，是指法律赋予法律主体的在一定范围内为或者不为一定行为的资格。幼儿园的权利有狭义与广义之分。狭义的幼儿园权利，指幼儿园在教育活动中依法享有的权利，又称“办学自主权”；广义的幼儿园权利，则指幼儿园在多种法律关系中所实际存在的一切权利，除在教育活动中的权利，还包括作为独立的法人所具有的广泛的民事权利。① 这里我们讨论的是狭义的幼儿园权利。

(一)自主管理权

自主管理权是指幼儿园根据章程确立办学宗旨、管理体制及各项重大原则，制定具体的管理规章和发展规划，自主地作出管理决策，并建立、完善自己的管理系统，组织实施管理活动的权利。② 自主管理权是一项基础性权利，在教育权利中居于首要地位。

学前教育机构享有自主管理权，就能最大限度地发挥其能动性，使各项保育教学工作可以不受牵制地开展。但学前教育机构的各项办学活动仍然要受到行政主管部门和社会的监督，一旦出现违法违规的办学行为，就要承担法律责任。

① 周小虎、郎国东：《学前教育政策与法规》，79 页，北京，中国人民大学出版社，2019。
② 周小虎、郎国东：《学前教育政策与法规》，84 页，北京，中国人民大学出版社，2019。

（二）组织实施保育、教育活动权

学前教育机构的保育工作是指保护儿童、增进儿童健康的各项活动，包括幼儿生理、心理健康以及卫生保健等活动。幼儿教育即是通过活动课程设置，按照德、智、体、美、劳的目标，有计划地对幼儿实行全面发展的教育活动。

学前教育机构有权按照自己的办学理念和培养目标安排保育工作、设置各项课程。除开设《幼儿园教育指导纲要（试行）》规定的健康、语言、社会、科学、艺术五大领域课程外，各学前教育机构可根据办学特点增设特色课程，在法律范围内对课程的设定、教材的选用、授课方式等都具有自主权。

（三）招生权

招生权是学前教育机构的基本权利，指学前教育机构按照自己的教育理念、办学宗旨、教学计划和法律法规组织招收新生的权利。学生是教育工作的对象，招收新生是一切教育工作得以开展的前提。学前教育机构有权按照本机构章程自行制定招生办法、进行招生宣传，并最终自主决定招收新生的数量与人选。

小知识

《教育法》关于学校及其他教育机构的权利的规定

第二十九条　学校及其他教育机构行使下列权利：

（一）按照章程自主管理；

（二）组织实施教育教学活动；

（三）招收学生或者其他受教育者；

（四）对受教育者进行学籍管理，实施奖励或者处分；

（五）对受教育者颁发相应的学业证书；

（六）聘任教师及其他职工，实施奖励或者处分；

（七）管理、使用本单位的设施和经费；

（八）拒绝任何组织和个人对教育教学活动的非法干涉；

（九）法律、法规规定的其他权利。

国家保护学校及其他教育机构的合法权益不受侵犯。

学习笔记

学前教育机构的自主招生权应当得到保障，不受外来力量的无端干涉。学前教育机构的招生过程应当严格按照法律法规以及本机构章程公平公开进行，在合理合法的前提下，招生的程序以及各项决定不应受到任何无端干涉，包括教育行政主管部门也不应利用行政权力进行不必要的干涉。但出现学前教育机构违法招生情况时，教育行政主管部门有权依法处置。

（四）学籍管理权与奖励处分权

学籍管理权是指学前教育机构按照教育行政主管部门的规定，对于确定入园接受教育的幼儿身份信息进行录入和管理，使其具备在本园合法接受教育和管理的身份的权利。学籍管理是招生工作的重要一环，对确定入园的幼儿进行信息登记管理，既是确认学前教育机构与幼儿双方之间的法律关系，又是日后园方对幼儿进行教育保护的基础。

此处的奖励处分权是指学前教育机构对幼儿的积极行为进行奖励、对幼儿的消极行为进行处分的权利。由于教育对象的特殊性，学前教育机构通常只行使奖励权，很少行使处分权。考虑到对幼儿身心健康的保护，学前教育工作者仅在必要的限度内对于幼儿就其错误行为进行适当的教育。正是基于这一考虑，《中小学教育惩戒规则（试行）》将学前教育机构排除在外。

（五）人事聘任权与奖励处分权

人事聘任权是学前教育机构自主管理权的体现，是指学前教育机构根据国家

学习笔记

法律相关规定和办学需要自行决定用人标准，并以此为依据聘用或解雇教师或其他工作人员的权利。

此处的奖励处分权是指学前教育机构根据教师或其他工作人员完成工作的情况给予相应的奖励或处罚的权利。根据《幼儿园教师违反职业道德行为处理办法》，对教师的处分包括警告、记过、降低岗位等级或撤职、开除。其他处理包括给予批评教育、诫勉谈话、责令检查、通报批评，以及取消在评奖评优、职务晋升、职称评定、岗位聘用、工资晋级、申报人才计划等方面的资格。

人事聘任权与奖励处分权都是学前教育机构进行人员管理的十分重要的权利，行使这项权利有利于调动教师等职工的工作积极性，规范其职务行为，保证各项工作安全有序地进行。

（六）设施、经费的管理使用权

设施、经费的管理使用权是指幼儿园对其占有的场地、教室、宿舍、教学设备等设施、办学经费以及其他有关财产享有财产管理权和使用权。① 我国《民法典》第二百四十条规定："所有权人对自己的不动产或者动产，依法享有占有、使用、收益和处分的权利。"但学前教育机构特别是公办幼儿园等由国家财政投入的机构对设施不具有所有权，只能对设施进行管理和使用；而由国家或集体财政拨款的经费和补贴属于国有或集体财产，学前教育机构也只能为教学需要而管理或使用这些经费，其不得归于机构或者个人所有。

但在合规合法的范围内，学前教育机构对设施、经费的管理使用有较大的自主权，如其通常具有长期性，且使用方式不受限制。

（七）拒绝非法干涉权

学前教育机构有自主管理权，因此其有权拒绝来自外界的非法干涉。这里的干涉主体可能是行政机关、企事业组织，也可能是其他社会组织、团体或个人。所谓非法干涉，是指违反法律法规，破坏、干预学前教育机构正常的保育教学活动，使学前教育机构的合法权益受到损害。例如，其他社会组织、团体或个人在没有合法依据的前提下进入学前教育机构，扰乱教育秩序、危害幼儿安全。学前教育机构为保护幼儿与机构自身合法权益，有权直接进行合法的私力救济。对于行政机关作出的无法律依据的监管行为或者不必要的检查等，学前教育机构有权拒绝。

（八）法律、法规规定的其他权利

除上述权利外，学前教育机构还享有法律、法规规定的自身发展的必要的其他权利，如接受社会捐赠的权利、接受奖励的权利等。

案例与思考

物业被指"侵占"小区幼儿园食堂

2010 年 3 月，北京市丰台区某小区业主在网上发帖，称物业占据小区内幼儿园食堂，导致幼儿园无法扩招，业主孩子入园难。该帖引发业主热议。据了解，3 月 15 日，该幼儿园接受 2011 年入园孩

① 林雪卿：《幼儿教育法规》，35 页，北京，科学出版社，2010。

子报名，100多个孩子报名，但是招生名额只有60人。

记者调查时在幼儿园大楼西侧玻璃门处看到，该门上写着“物业餐厅”，门口的大红招牌写着“对外就餐”字样，餐厅与大楼整体装饰风格一致。据一名工作人员介绍，该餐厅是物业的食堂，从小区开始建设时就已经存在了。

幼儿园随后称已将此事汇报上级部门。据知情人士透露，幼儿园多次就此事与物业交涉，物业不理睬，也不腾地方。就此事，丰台区教委一负责人称，幼儿园属于小区配套，且已于2009年移交教委接管，教委还投资数百万元对该园做了整体装饰装修。自2009年9月至今，因食堂的一部分被物业占用，幼儿园无法扩招。但物业不属于教育部门主管，教育部门盼望有关部门能介入解决。①

●讨论与思考：物业对食堂的占用是否属于对幼儿园教学资源的侵占？如果属于，幼儿园是否有权要求物业停止对食堂的“侵占”行为？

二、学前教育机构的义务 >>>>>>>>>>>>>>>>>>>>>>>>>>>>>>>

义务是指法律关系主体依法承担的必须为或者不为某些行为的责任。学前教育机构在享有法定的权利的同时，必然承担法定的义务。根据我国《教育法》规定，学前教育机构必须履行的义务有以下六项。

小知识

《教育法》关于学校及其他教育机构的义务的规定

第三十条　学校及其他教育机构应当履行下列义务：

（一）遵守法律、法规；

（二）贯彻国家的教育方针，执行国家教育教学标准，保证教育教学质量；

（三）维护受教育者、教师及其他职工的合法权益；

（四）以适当方式为受教育者及其监护人了解受教育者的学业成绩及其他有关情况提供便利；

（五）遵照国家有关规定收取费用并公开收费项目；

（六）依法接受监督。

（一）遵守法律、法规

作为法人，学前教育机构能够以自己的名义实施民事法律行为，遵守法律、法规是对其的基本要求。这里所说的法律、法规是广义的，包括全国人大及其常委会制定的基本法律、国务院制定的行政法规、地方人大制定的地方性法规、教育部制定的部门规章等。

从狭义角度看，作为专职教育工作的法人，学前教育机构遵守法律、法规可以在一定程度上理解为遵守教育类法律、法规，同时也包括对其制定的章程等自治规则的遵守。

（二）贯彻国家教育方针，执行国家教育教学标准，保证教育教学质量

学前教育机构应当贯彻国家教育方针，坚持立德树人，保障儿童权利，尊重儿童人格，遵循儿童身心发展规律，实施科学保育教育，促进儿童德智体美劳全面发展。发展学前教育应当坚持党的全面领导、坚持社会主义办学方向，以公益普惠为导向，坚持政府主导、公办民办并举。

（三）维护受教育者、教师及其他职工的合法权益

维护受教育者的合法权益，是指学前教育机构应当保护园内幼儿的人身、财

① 张淑玲：《物业被指侵占小区幼儿园食堂》，载《京华时报》，2010-03-18（文中部分人名、地名被隐）。

学习笔记

产以及受教育的合法权利，包括为幼儿提供安全合适的保育生活环境，不得实施侵害幼儿权益的行为。如果幼儿在园期间合法权益受到侵害，学前教育机构应当尽最大能力排除危害，保护幼儿合法权益。

幼儿园举办者应当保障教职工的工资福利和社会保险待遇，改善工作和生活条件。对教职工的保护包括不实施侵害教职工合法权益的行为，在教职工合法权益受到侵害时，应当对其加以保护。例如，不得违规克扣或拖欠教职工工资，不得违反与教职工所签订的劳动合同。当外来人员对教职工的人身财产权利进行损害时，学前教育机构应当积极排除妨害，后期积极配合调查，以保护教职工合法权益。

（四）以适当方式为受教育者的监护人了解受教育者情况提供便利

《民法典》第二十条规定："不满八周岁的未成年人为无民事行为能力人，由其法定代理人代理实施民事法律行为。"在我国，未成年人的监护人即法定代理人，监护人有权知晓被监护人在园内的情况。学前教育机构应当保障监护人的知情权，这包括两个方面：第一，机构应当以适当的方式让家长了解幼儿在园的日常情况，如及时向家长通报幼儿园日程安排和食谱、设立家长开放日、开展亲子活动、将相关情况通过照片或视频发送给家长等；第二，当幼儿在园内出现突发情况时，教职工应当第一时间与家长沟通，协商解决方式。

（五）遵照国家有关规定收取费用并公开收费项目

幼儿园的经费由举办者依法筹措，确保经费来源的稳定。幼儿园可以根据规定收取保育费、住宿费、伙食费等，收取的费用主要用于保育教育活动、保障教职工待遇和改善办园条件。伙食费应当专款专用，不得营利。幼儿园实行收费公示制度，将收费项目和标准向家长公示，接受社会监督。

（六）依法接受监督

县级以上地方人民政府教育督导机构对下级人民政府履行学前教育发展责任和管理职责进行督导，负责对所辖区域内幼儿园的办园行为进行督导。督导报告应当向社会公开。《幼儿园工作规程》第六十一条规定："幼儿园应当接受上级教育、卫生、公安、消防等部门的检查、监督和指导，如实报告工作和反映情况。幼儿园应当依法接受教育督导部门的督导。"根据《教育督导条例》和《幼儿园工作规程》，教育部制定了《幼儿园责任督学挂牌督导办法》。《幼儿园责任督学挂牌督导办法》第五条规定，责任督学履行下列职责："（一）监督指导幼儿园安全管理情况。（二）监督指导幼儿园规范办园情况。（三）监督指导幼儿园师德师风建设情况。（四）完成教育督导部门交办的其他工作任务。"

国务院教育行政部门制定幼儿园保教质量评估指南。省、自治区、直辖市人民政府教育行政部门应当完善幼儿园保教质量评估标准、健全幼儿园保教质量评估监测体系，将各类幼儿园全部纳入评估范畴，评估结果向社会公布。

思考与应用

1. 学前教育机构有哪些权利？
2.《幼儿园教育指导纲要（试行）》规定的五大领域课程包括哪些？
3. 什么是招生权？

4. 学前教育机构的义务有哪些？

5. 学前教育机构如何维护受教育者的合法权益？

6. 学前教育机构应该接受哪些主体的监督？

专题小结

学前教育机构是指对小学前的适龄儿童实施保育和教育活动的教育机构，对学前教育机构进行法治化的管理对幼儿健康发展至关重要。所以，我国以法律法规的形式对学前教育机构的设立、法律地位以及权利义务进行了规定。

我国幼儿园可以分为公办幼儿园与民办幼儿园，民办幼儿园可以是营利性质，也可以是非营利性质。非营利性民办幼儿园接受财政补贴或支持的，与公办幼儿园同为普惠性幼儿园。国家鼓励举办非营利性民办幼儿园。幼儿园设立完成后具备法人地位。

学前教育机构依法行使下列权利：自主管理权；组织实施保育、教育活动权；招生权；学籍管理权与奖励处分权；人事聘任权与奖励处分权；设施、经费的管理使用权；拒绝非法干涉权；等等。

学前教育机构必须履行的义务包括：遵守法律、法规；贯彻国家教育方针，执行国家教育教学标准，保证教育教学质量；维护受教育者、教师及其他职工的合法权益；以适当方式为受教育者的监护人了解受教育者情况提供便利；遵照国家有关规定收取费用并公开收费项目；依法接受监督。

学习反思

专题四 学前教育机构的工作人员

本专题将学习学前教育机构的工作人员的相关知识。

国家实行教师资格制度。学校和其他教育机构实行教师聘任制。教师应当遵守职业道德和职业行为准则。教师违反职业道德的行为，应当受到相应的纪律处分或其他处理。

幼儿园教师应当具备国家规定的资质条件，享有法律规定的权利并履行法律规定的义务。学前教育机构的其他工作人员，包括幼儿园园长、保育员、卫生保健人员以及托育机构的相关工作人员，应当具有国家规定的相应资质，并履行规定的职责。

学习目标

1. 掌握教师资格制度、教师职业道德与违纪处理的相关规定与要求。
2. 了解教师聘任制度的基本内容。
3. 掌握幼儿园教师的权利、义务、职责的相关内容。
4. 了解学前教育机构中其他工作人员的资质和职责要求。

学习主题一
国家教师制度

一、教师资格制度

国家实行教师资格制度。中国公民在各级各类学校和其他教育机构中专门从事教育教学工作，应当依法取得教师资格。《教师法》《教师资格条例》《〈教师资格条例〉实施办法》对教师资格的分类与适用、教师资格条件、教师资格考试、教师资格认定、教师资格证书管理等方面内容作出了明确规定，构建了我国教师资格制度的基本框架。

视频：学前教育机构的工作人员

学习笔记

在学前教育领域，国家实行幼儿园教师资格制度。幼儿园教师应当取得幼儿园教师资格；已取得其他教师资格的，经省、自治区、直辖市人民政府教育行政部门组织的专业培训并取得合格证书，方可在幼儿园任教。《中共中央 国务院关于学前教育深化改革规范发展的若干意见》提出要认真落实教师资格准入与定期注册制度，严格执行幼儿园园长、教师专业标准，坚持公开招聘制度，全面落实幼儿园教师持证上岗，切实把好幼儿园园长、教师入口关。非学前教育专业毕业生到幼儿园从教，须经专业培训并取得相应教师资格。幼儿园教师资格制度的施行，为幼儿园教师队伍设定了准入"门槛"，也为学前教育质量提供了基本保障。

取得教师资格，应当具备一定的条件。《教师法》第十条第二款规定："中国公民凡遵守宪法和法律，热爱教育事业，具有良好的思想品德，具备本法规定的学历或者经国家教师资格考试合格，有教育教学能力，经认定合格的，可以取得教师资格。"根据这一规定，取得教师资格应当具备以下五个方面的条件。

1. 身份

取得我国教师资格，首先必须是中国公民，具有中华人民共和国国籍；其次应当遵守我国宪法和法律。《教师法》第十四条规定："受到剥夺政治权利或者故意犯罪受到有期徒刑以上刑事处罚的，不能取得教师资格；已经取得教师资格的，丧失教师资格。"可见，违反法律、受到相应刑事处罚的人不具备取得教师资格的条件。

2. 思想品德要求

教师承担着培养社会主义建设者和接班人的光荣使命。教师的工作对象是正在成长中的可塑性很强的未成年人，教师的一言一行对他们的政治思想和道德品质等诸方面素质的形成具有很大影响。因此，国家对教师职业规定了较一般职业更高的思想道德水准和职业道德规范要求。按照规定，教师应当坚定政治方向，热爱祖国，热爱党，贯彻执行党和国家的教育方针、政策，模范遵守公民道德规范和教师职业道德规范，热爱教育事业，为人师表，能够履行《教师法》规定的教师义务，能够以高尚的人格魅力去教育和感染学生，做学生健康成长的指导者和引路人。

学习笔记

3. 学历

取得教师资格应当具备相应的学历。《教师法》第十一条规定:“取得教师资格应当具备的相应学历是:(一)取得幼儿园教师资格,应当具备幼儿师范学校毕业及其以上学历;(二)取得小学教师资格,应当具备中等师范学校毕业及其以上学历;(三)取得初级中学教师、初级职业学校文化、专业课教师资格,应当具备高等师范专科学校或者其他大学专科毕业及其以上学历;(四)取得高级中学教师资格和中等专业学校、技工学校、职业高中文化课、专业课教师资格,应当具备高等师范院校本科或者其他大学本科毕业及其以上学历;取得中等专业学校、技工学校和职业高中学生实习指导教师资格应当具备的学历,由国务院教育行政部门规定;(五)取得高等学校教师资格,应当具备研究生或者大学本科毕业学历;(六)取得成人教育教师资格,应当按照成人教育的层次、类别,分别具备高等、中等学校毕业及其以上学历。不具备本法规定的教师资格学历的公民,申请获取教师资格,必须通过国家教师资格考试。国家教师资格考试制度由国务院规定。”

《教师资格条例》第八条规定:“不具备教师法规定的教师资格学历的公民,申请获得教师资格,应当通过国家举办的或者认可的教师资格考试。”

4. 能力

取得教师资格,应当具备符合要求的教育教学能力。《〈教师资格条例〉实施办法》第八条规定:“申请认定教师资格者的教育教学能力应当符合下列要求:(一)具备承担教育教学工作所必须的基本素质和能力。具体测试办法和标准由省级教育行政部门制定。(二)普通话水平应当达到国家语言文字工作委员会颁布的《普通话水平测试等级标准》二级乙等以上标准。少数方言复杂地区的普通话水平应当达到三级甲等以上标准;使用汉语和当地民族语言教学的少数民族自治地区的普通话水平,由省级人民政府教育行政部门规定标准。(三)具有良好的身体素质和心理素质,无传染性疾病,无精神病史,适应教育教学工作的需要,在教师资格认定机构指定的县级以上医院体检合格。”

5. 经认定合格

具备《教师法》规定的学历或者经教师资格考试合格的公民,可以按照规定申请认定其教师资格。幼儿园、小学和初级中学教师资格,由申请人户籍所在地或者申请人任教学校所在地的县级人民政府教育行政部门认定。高级中学教师资格,由申请人户籍所在地或者申请人任教学校所在地的县级人民政府教育行政部门审查后,报上一级教育行政部门认定。中等职业学校教师资格和中等职业学校实习指导教师资格,由申请人户籍所在地或者申请人任教学校所在地的县级人民政府教育行政部门审查后,报上一级教育行政部门认定或者组织有关部门认定。受国务院教育行政部门或者省、自治区、直辖市人民政府教育行政部门委托的高等学校,负责认定在本校任职的人员和拟聘人员的高等学校教师资格。在未受国务院教育行政部门或者省、自治区、直辖市人民政府教育行政部门委托的高等学校任职的人员和拟聘人员的高等学校教师资格,按照学校行政隶属关系,由国务院教育行政部门认定或者由学校所在地的省、自治区、直辖市人民政府教育行政部门认定。

学习笔记

二、教师聘任制度 >>>>>>>>>>>>>>>>>>>>>>>>>>>>>>>>>>

教师聘任制度，是指由学校和教师按照国家有关法律和政策规定，在平等自愿、协商一致的基础上，通过签订聘任合同，明确聘用方和受聘方各自的权利、义务和责任的一种教师任用制度。《教师法》第十七条规定："学校和其他教育机构应当逐步实行教师聘任制。教师的聘任应当遵循双方地位平等的原则，由学校和教师签订聘任合同，明确规定双方的权利、义务和责任。实施教师聘任制的步骤、办法由国务院教育行政部门规定。"

2000 年，中共中央组织部、人事部联合印发了《关于加快推进事业单位人事制度改革的意见》，提出破除干部身份终身制，引入竞争机制，在事业单位全面建立和推行聘用制度，把聘用制度作为事业单位一项基本的用人制度。2011 年，中共中央办公厅、国务院办公厅印发《关于进一步深化事业单位人事制度改革的意见》，提出要全面推行聘用制度。为加快完成聘用制度推行工作，事业单位与其工作人员应按照国家有关规定签订聘用合同。要把聘用合同作为事业单位人事管理的基本依据，通过聘用合同规范单位和工作人员的人事关系，建立起以合同管理为基础的用人机制。2014 年，国务院制定《事业单位人事管理条例》，对聘用合同作出了具体规定。

学前教育机构办学体制具有多样性，应当在参照中小学教师聘任制度和高校教师聘任制度的基础上，努力探索新的、独立的幼儿教师聘任模式。许多学前教育机构选聘幼儿教师突出了选贤择优，强调优胜劣汰，其目的是构建高素质、高质量的幼儿教师队伍，提高园所自身的教育水平和竞争能力。这些举措对学前教育机构吸引优秀教师起了很大的作用。教师聘任制度的实施，有利于提高幼儿教师的竞争力和工作的积极性，形成一种"竞争上岗、按劳取酬、合同约束"的新型用人机制。

教师聘任制度包括招聘、续聘、解聘、辞聘四项内容，这四项内容分别具有不同的含义和要求。

（一）招聘

招聘是指学校通过各种途径公开选拔教育教学所需的教师并与其签订聘任合同的过程。招聘应当具有公开、公正、自愿、平等的特点。学校与教师签订的聘任合同一般应当包括下列条款：

(1)学校的名称、住所和法定代表人或者主要负责人；

(2)受聘教师的姓名、住址和居民身份证或者其他有效身份证件号码；

(3)聘任合同期限；

(4)工作内容和工作地点；

(5)工作时间和休息休假；

(6)劳动报酬；

(7)社会保险；

(8)劳动保护、劳动条件和职业危害防护；

(9)岗位纪律；

学习笔记

(10)聘任合同变更和终止的条件；

(11)违反聘任合同的法律责任。

经双方当事人协商一致，还可以在聘任合同中约定试用期。《中华人民共和国劳动合同法》第十九条第一款规定：“劳动合同期限三个月以上不满一年的，试用期不得超过一个月；劳动合同期限一年以上不满三年的，试用期不得超过二个月；三年以上固定期限和无固定期限的劳动合同，试用期不得超过六个月。”但是依据2002年颁发的《关于在事业单位试行人员聘用制度的意见》，“被聘人员为大中专应届毕业生的，试用期可以延长至12个月”。

（二）续聘

续聘是指教师的聘期届满后，学校与教师继续签订聘任合同。续聘应当在双方平等协商的基础上进行。需要注意的是，教师在同一学校连续工作满10年以上，双方同意续聘的，如果教师提出订立无固定期限的聘任合同，学校应当与其订立无固定期限的聘任合同。

（三）解聘

解聘是指学校单方面解除聘任合同的行为。一般情况下，学校不得单方面解除聘任合同，只有在教师违背聘任合同的约定，严重违反学校规章制度或者给学校造成重大损失，满足合同约定的解聘条件的情况下，学校才可以依法行使解聘权。

一般而言，学校可以与教师在聘任合同中约定，受聘教师有下列情形之一的，学校可以随时单方面解除聘任合同：

(1)教师连续旷工超过15个工作日或者1年内累计旷工超过30个工作日的；

(2)教师工作严重不负责任，发生责任事故，给学校造成较大损失的；

(3)违反国家法律、法规或学校的规章制度，严重损害学校利益，或者给学校造成较大损失，或者造成其他严重后果的；

(4)体罚学生造成恶劣影响或者造成其他严重后果的；

(5)未经学校同意，擅自出国或者出国逾期不归的；

(6)连续两次年度考核不合格的；

(7)被判处拘役、有期徒刑以上刑罚的；

(8)法律、法规和规章规定的其他情形。

小知识

教师违反基本职业道德，幼儿园可以依法解聘

据江苏省苏州市人力资源和社会保障局与市中级人民法院联合报道，2013年2月李某进入某幼儿园工作，担任教师。李某在带班期间对哭闹不止的小班幼儿说“谁再哭就把他妈妈杀掉”，且在微信中陈述：“那个哭得最厉害的小朋友立马不哭，而且讨饶保证不哭。”因为其不当言语及不认错的态度，2016年9月18日，某幼儿园发出关于辞退李某的决定，写明因李某“在带班期间，用极其负面的语言伤害、吓唬幼儿，并在班级家长微信群宣扬发布恐吓言论，给幼儿园及社会造成不良影响，不能认识到自己的过错，百般狡辩……决定与李某解除劳动合同”。李某在次日收悉上述决定。某幼儿园同时将该决定报送当地教育行政主管部门及工会。李某认为幼儿园的解聘行为违法，申请劳动仲裁，要求幼儿园支付违法解除劳动合同赔偿金37500元。

仲裁委经审理认为，李某的言行违背了幼儿教育工作者的基本职业道德，会对幼儿的身心健康造成不良影响，因此对于李某要求幼儿园支付违法解除劳动合同赔偿金的请求不予支持。

【法律评析】

李某的工作对象为3岁左右的心智未成熟的幼儿，其在明知言行需谨慎的情况下，仍通过言语"吓唬"幼儿，其行为对幼儿产生了震慑和威胁的作用，会造成隐性的心理创伤，不利于幼儿身心的正常发展。教师承担着教书育人的重责，有着特殊的岗位责任，需谨言慎行、包容关爱，不得违背教师必需的职业道德。李某作为幼儿教师，面对刚刚离开家庭环境、进入陌生环境的小班幼儿，说出与其职业身份严重不符的言论，且事后认为仅仅是开玩笑，未能认识到其错误行为的严重性。因此，为了园中幼儿身心的健康发展，幼儿园作出解除与李某的劳动合同的决定并无不当，无须承担支付赔偿金的责任。

（四）辞聘

学习笔记

辞聘是指教师单方面解除与学校的聘任合同的行为。教师应当遵守关于聘期的约定，不得随意解除聘任合同。教师违法、违约解除聘任合同，给学校造成损失的，应当承担赔偿责任。

一般而言，具有下列情形之一的，受聘教师可以单方面解除聘任合同：

(1)在试用期内的；

(2)考入普通高等院校的；

(3)被录用或者选调到国家机关工作的；

(4)依法服兵役的；

(5)法律、法规规定或者聘任合同约定的其他情形。

三、教师职业道德与违纪处理 >>>>>>>>>>>>>>>>>>>>>>>>

案例与思考

幼师发布亲吻男童视频被开除，幼儿园被责令停业整顿

据《南阳日报》报道，2020年7月11日，针对"网红幼师发布亲吻男童视频"事件，河南省唐河县成立的事件调查处置工作组通报称，7月8日，该幼儿园已将涉事幼师文某某予以辞退。目前，县教育部门已责令该幼儿园停业整顿。

通报称，近期，唐河县一幼儿园女教师在社交网络平台上传与男童亲吻的视频，并配发"我想犯罪怎么办？女朋友在此，我可以等他十年"等言论的图文信息，引起网民热议。

事情发生后，唐河县委、县政府立即成立调查处置工作组展开调查。经初步调查，涉事教师文某某(具有幼儿园教师资格证)，系唐河县某幼儿园(具有民办学校办学许可证)教师，其行为有悖教师行为规范，在社会上造成了不良影响。7月8日，该幼儿园已将文某某予以辞退。目前，县教育部门已责令该幼儿园停业整顿，并决定在暑期对全县民办中小学(幼儿园)及校外培训机构教师(从业人员)开展法律法规、教师行为规范及业务能力培训，对民办学校及校外培训机构负责人进行管理能力提升培训。

●讨论与思考：本案中，教师的职业道德出了什么问题？

学习笔记

（一）教师职业道德

教师职业道德，又称“师德”，是指教师在履行职务过程中应当遵循的道德规范和行为准则。《中共中央 国务院关于学前教育深化改革规范发展的若干意见》提出，要强化师德师风建设，通过加强师德教育、完善考评制度、加大监察监督、建立信用记录、完善诚信承诺和失信惩戒机制等措施，提高教师职业素养，培养教师热爱幼教、热爱幼儿的职业情怀。对违反职业行为规范、影响恶劣的实行“一票否决”，终身不得从教。2018 年 11 月 8 日，教育部印发了《新时代幼儿园教师职业行为十项准则》，对幼儿园教师的职业道德规范作出了基本规定。

小知识

新时代幼儿园教师职业行为十项准则

教师是人类灵魂的工程师，是人类文明的传承者。长期以来，广大教师贯彻党的教育方针，教书育人，呕心沥血，默默奉献，为国家发展和民族振兴作出了重大贡献。新时代对广大教师落实立德树人根本任务提出新的更高要求，为进一步增强教师的责任感、使命感、荣誉感，规范职业行为，明确师德底线，引导广大教师努力成为有理想信念、有道德情操、有扎实学识、有仁爱之心的好老师，着力培养德智体美劳全面发展的社会主义建设者和接班人，特制定以下准则。

一、坚定政治方向。坚持以习近平新时代中国特色社会主义思想为指导，拥护中国共产党的领导，贯彻党的教育方针；不得在保教活动中及其他场合有损害党中央权威和违背党的路线方针政策的言行。

二、自觉爱国守法。忠于祖国，忠于人民，恪守宪法原则，遵守法律法规，依法履行教师职责；不得损害国家利益、社会公共利益，或违背社会公序良俗。

三、传播优秀文化。带头践行社会主义核心价值观，弘扬真善美，传递正能量；不得通过保教活动、论坛、讲座、信息网络及其他渠道发表、转发错误观点，或编造散布虚假信息、不良信息。

四、潜心培幼育人。落实立德树人根本任务，爱岗敬业，细致耐心；不得在工作期间玩忽职守、消极怠工，或空岗、未经批准找人替班，不得利用职务之便兼职兼薪。

五、加强安全防范。增强安全意识，加强安全教育，保护幼儿安全，防范事故风险；不得在保教活动中遇突发事件、面临危险时，不顾幼儿安危，擅离职守，自行逃离。

六、关心爱护幼儿。呵护幼儿健康，保障快乐成长；不得体罚和变相体罚幼儿，不得歧视、侮辱幼儿，严禁猥亵、虐待、伤害幼儿。

七、遵循幼教规律。循序渐进，寓教于乐；不得采用学校教育方式提前教授小学内容，不得组织有碍幼儿身心健康的活动。

八、秉持公平诚信。坚持原则，处事公道，光明磊落，为人正直；不得在入园招生、绩效考核、岗位聘用、职称评聘、评优评奖等工作中徇私舞弊、弄虚作假。

九、坚守廉洁自律。严于律己，清廉从教；不得索要、收受幼儿家长财物或参加由家长付费的宴请、旅游、娱乐休闲等活动，不得推销幼儿读物、社会保险或利用家长资源谋取私利。

十、规范保教行为。尊重幼儿权益，抵制不良风气；不得组织幼儿参加以营利为目的的表演、竞赛等活动，或泄露幼儿与家长的信息。

学习笔记

(二)对违反师德的处理

为了规范幼儿园教师职业行为，保障教师、幼儿的合法权益，2018 年 11 月 8 日，教育部印发了《幼儿园教师违反职业道德行为处理办法》，其适用对象既包括公办幼儿园教师，也包括民办幼儿园教师。

1. 处理的种类

《幼儿园教师违反职业道德行为处理办法》规定，违纪处理的种类包括处分和其他处理。其中处分包括警告、记过、降低岗位等级或撤职、开除。警告期限为 6 个月，记过期限为 12 个月，降低岗位等级或撤职期限为 24 个月。违纪人员是中共党员的，同时给予党纪处分。其他处理包括给予批评教育、诫勉谈话、责令检查、通报批评，以及取消在评奖评优、职务晋升、职称评定、岗位聘用、工资晋级、申报人才计划等方面的资格。取消相关资格的处理执行期限不得少于 24 个月。教师涉嫌违法犯罪的，及时移送司法机关依法处理。

2. 应受处理的违反师德行为

《幼儿园教师违反职业道德行为处理办法》第四条明确提出对幼儿园教师违反职业道德的 11 种行为进行处理，具体包括：(1)在保教活动中及其他场合有损害党中央权威和违背党的路线方针政策的言行。(2)损害国家利益、社会公共利益，或违背社会公序良俗。(3)通过保教活动、论坛、讲座、信息网络及其他渠道发表、转发错误观点，或编造散布虚假信息、不良信息。(4)在工作期间玩忽职守、消极怠工，或空岗、未经批准找人替班，利用职务之便兼职兼薪。(5)在保教活动中遇突发事件、面临危险时，不顾幼儿安危，擅离职守，自行逃离。(6)体罚和变相体罚幼儿，歧视、侮辱幼儿，猥亵、虐待、伤害幼儿。(7)采用学校教育方式提前教授小学内容，组织有碍幼儿身心健康的活动。(8)在入园招生、绩效考核、岗位聘用、职称评聘、评优评奖等工作中徇私舞弊、弄虚作假。(9)索要、收受幼儿家长财物或参加由家长付费的宴请、旅游、娱乐休闲等活动，推销幼儿读物、社会保险或利用家长资源谋取私利。(10)组织幼儿参加以营利为目的的表演、竞赛活动，或泄露幼儿与家长的信息。(11)其他违反职业道德的行为。

3. 处理的程序要求

《幼儿园教师违反职业道德行为处理办法》规定，在给予教师处理时应注意下面两个程序问题：(1)幼儿园及幼儿园主管部门发现教师存在第四条列举行为的，应当及时组织调查核实，视情节轻重给予相应处理。作出处理决定前，应当听取教师的陈述和申辩，调查了解幼儿情况，听取其他教师、家长委员会或者家长代表意见，并告知教师有要求举行听证的权利。对于拟给予降低岗位等级以上的处分，教师要求听证的，拟作出处理决定的部门应当组织听证。(2)给予教师处理，应当坚持公平公正、教育与惩处相结合的原则；应当与其违反职业道德行为的性质、情节、危害程度相适应；应当事实清楚、证据确凿、定性准确、处理恰当、程序合法、手续完备。

4. 处理的权限

《幼儿园教师违反职业道德行为处理办法》要求，给予教师处理应当遵循如下权限规定：(1)警告和记过处分，公办幼儿园教师由所在幼儿园提出建议，幼儿园主管部门决定。民办幼儿园教师由所在幼儿园提出建议，幼儿园举办者作出决定，

学习笔记

并报主管部门备案。(2)降低岗位等级或撤职处分，公办幼儿园由教师所在幼儿园提出建议，幼儿园主管部门决定并报同级人事部门备案。民办幼儿园教师由所在幼儿园提出建议，幼儿园举办者作出决定，并报主管部门备案。(3)开除处分，公办幼儿园在编教师由所在幼儿园提出建议，幼儿园主管部门决定并报同级人事部门备案。未纳入编制管理的教师由所在幼儿园决定并解除其聘任合同，报主管部门备案。民办幼儿园教师由所在幼儿园提出建议，幼儿园举办者作出决定并解除其聘任合同，报主管部门备案。(4)给予批评教育、诫勉谈话、责令检查、通报批评，以及取消在评奖评优、职务晋升、职称评定、岗位聘用、工资晋级、申报人才计划等方面资格的其他处理，按照管理权限，由教师所在幼儿园或主管部门视其情节轻重作出决定。

此外，《幼儿园教师违反职业道德行为处理办法》还规定，教师不服处理决定的，可以向幼儿园主管部门申请复核。对复核结果不服的，可以向幼儿园主管部门的上一级行政部门提出申诉。对教师的处理，在期满后根据悔改表现予以延期或解除，处理决定和处理解除决定都应完整存入人事档案及教师管理信息系统。

思考与应用

1. 取得教师资格应具备的条件是什么？
2. 教师聘任制度包括哪些内容？各自的含义和要求是什么？
3. 国家印发的和教师职业道德与违纪处理有关的重要规定有哪些？

学习主题二 学前教育机构的工作人员

学习笔记

一、幼儿园教师的法律地位

教师的法律地位即指教师以其权利能力和行为能力在法律关系中所具有的一种法律主体资格，主要涉及教师的法定身份、教师法律关系的特征以及法律规定的教师权利义务等问题。《教师法》第三条规定："教师是履行教育教学职责的专业人员，承担教书育人，培养社会主义事业建设者和接班人、提高民族素质的使命。教师应当忠诚于人民的教育事业。"专业人员是我国法律对教师法律地位的定位，与之相对应，教师有专业技术职务任职资格(职称)。《教师法》第四十条规定，"中小学教师，是指幼儿园、特殊教育机构、普通中小学、成人初等中等教育机构、职业中学以及其他教育机构的教师"。因此，在法律规范意义上和有些政策文件中，幼儿园教师属于中小学教师。

学习笔记

2018 年，《中共中央 国务院关于全面深化新时代教师队伍建设改革的意见》指出，要明确教师的特别重要地位，凸显教师职业的公共属性，强化教师承担的国家使命和公共教育服务的职责，确立公办中小学教师作为国家公职人员特殊的法律地位，明确中小学教师的权利和义务，强化保障和管理。2018 年 9 月 10 日，全国教育大会在北京召开。习近平总书记在讲话中指出，教师是人类灵魂的工程师，是人类文明的传承者，承载着传播知识、传播思想、传播真理，塑造灵魂、塑造生命、塑造新人的时代重任。全党全社会要弘扬尊师重教的社会风尚，努力提高教师政治地位、社会地位、职业地位，让广大教师享有应有的社会声望，在教书育人岗位上为党和人民事业作出新的更大的贡献。①

（一）幼儿园教师的权利

幼儿园教师的权利，是指《教育法》《教师法》等法律所确认和保障的幼儿园教师在履行职务、从事教育教学过程中所享有的权利。按照法律规定，幼儿园教师享有如下各项权利。

1. 教育教学权

幼儿园教师有权进行教育教学活动，开展教育教学改革和实验。幼儿园教师开展教育教学活动应该理解和尊重幼儿的学习方式和特点。幼儿的学习是以直接经验为基础、在游戏和日常生活中进行的，要珍视游戏和生活的独特价值，创设丰富的教育环境，合理安排一日生活，最大限度地支持和满足幼儿通过直接感知、实际操作和亲身体验获取经验的需要，严禁“拔苗助长”式的超前教育和强化训练。

2. 科学研究权

幼儿园教师有权从事科学研究、学术交流，参加专业的学术团体，在学术活动中充分发表意见。“科研兴园”“以研促教”“做研究型教师”等是进入 21 世纪以来在中国幼教界很抢眼的字眼，这些字眼体现了广大幼儿园及教师对科研的热切关注以及期盼通过科研改变幼儿园面貌、转变幼儿园实践行为的热忱。园本研究这一新的途径与方法将为教师与幼儿园的发展创造新的活力，它是以幼儿园存在的突出问题和幼儿园发展的实际需要为选题范围，以幼儿园教师作为研究的主要力量，通过一定的研究程序取得研究成果并将研究成果直接用于指导本园教育教学实践的研究活动。其蕴含的理念是：(1)幼儿园是园本研究的基础。研究的问题是从幼儿园教学实践中归纳和汇集的。(2)幼儿园教师是园本研究的主体，进行教学研究应该是所有教师的权利和责任。(3)促进幼儿园、教师和幼儿共同发展是园本研究的直接目的。②

3. 指导评价权

幼儿园教师有权指导学生的学习和发展，评定学生的品行和学业成绩。不同于中小学的学业评价，幼儿园的评价更加重视幼儿的学习品质。幼儿园教师要充分尊重和保护幼儿的好奇心和学习兴趣，帮助幼儿逐步养成积极主动、认真专注、不怕困难、敢于探究和尝试、乐于想象和创造等良好学习品质。忽视幼儿学习品

---

① 吴晶、胡浩：《习近平出席全国教育大会并发表重要讲话》，http://www.gov.cn/xinwen/2018-09/10/content_5320835.htm，2021-09-08。

② 任瑛：《构建以园为本的教学研究制度》，载《学前教育研究》，2005(2)。

学习笔记

质的培养、单纯追求知识技能学习的做法是短视而有害的。

4. 报酬待遇权

幼儿园教师有权按时获取工资报酬，享受国家规定的福利待遇以及寒暑假期的带薪休假。《中共中央 国务院关于学前教育深化改革规范发展的若干意见》提出，要依法保障幼儿园教师的地位和待遇。各地要认真落实公办园教师工资待遇保障政策，统筹工资收入政策、经费支出渠道，确保教师工资及时足额发放、同工同酬。有条件的地方可试点实施乡村公办园教师生活补助政策。按照政府购买服务范围的规定，可将公办园中的保育员、安保、厨师等岗位纳入政府购买服务范围，所需资金从地方财政预算中统筹安排。民办园要参照当地公办园教师工资收入水平，合理确定相应教师的工资收入。各类幼儿园要依法依规足额足项为教职工缴纳社会保险和住房公积金。

5. 民主管理权

幼儿园教师有权对幼儿园教育教学、管理工作和教育行政部门的工作提出意见和建议，通过教职工代表大会或者其他形式参与幼儿园的民主管理。《学校教职工代表大会规定》第七条规定，教职工代表大会的职权是："(一)听取学校章程草案的制定和修订情况报告，提出修改意见和建议；(二)听取学校发展规划、教职工队伍建设、教育教学改革、校园建设以及其他重大改革和重大问题解决方案的报告，提出意见和建议；(三)听取学校年度工作、财务工作、工会工作报告以及其他专项工作报告，提出意见和建议；(四)讨论通过学校提出的与教职工利益直接相关的福利、校内分配实施方案以及相应的教职工聘任、考核、奖惩办法；(五)审议学校上一届(次)教职工代表大会提案的办理情况报告；(六)按照有关工作规定和安排评议学校领导干部；(七)通过多种方式对学校工作提出意见和建议，监督学校章程、规章制度和决策的落实，提出整改意见和建议；(八)讨论法律法规规章规定的以及学校与学校工会商定的其他事项。教职工代表大会的意见和建议，以会议决议的方式做出。"

6. 培训进修权

幼儿园教师有权参加进修或者其他方式的培训。《中共中央 国务院关于学前教育深化改革规范发展的若干意见》提出，要"健全教师培训制度。出台幼儿园教师培训课程指导标准，实行幼儿园园长、教师定期培训和全员轮训制度。研究制定全国幼儿园教师培训工作方案，用两年半左右时间，通过国家、省、县三级培训网络，大规模培训幼儿园园长、教师，重点加强师德师风全员培训、非学前教育专业教师全员补偿培训和未成年人保护方面的法律培训等。创新培训模式，支持师范院校与优质幼儿园协同建立培训基地，强化专业学习与跟岗实践相结合，增强培训针对性和实效性，切实提高教师专业水平和科学保教能力"。

(二)幼儿园教师的义务

幼儿园教师的义务，是指《教育法》《教师法》等法律所确认和规定的，幼儿园教师在履行职务、从事教育教学过程中应承担的责任，具体表现为幼儿园教师在教学活动中必须作出一定行为或不得作出一定行为。按照法律规定，幼儿园教师应当履行下列各项义务。

学习笔记

1. 遵纪守法、为人师表的义务

幼儿园教师应当遵守宪法、法律和职业道德，为人师表。

2. 教育教学的义务

幼儿园教师应当贯彻国家的教育方针，遵守规章制度，执行幼儿园的教学计划，履行教师聘约，完成教育教学工作任务。

3. 政治思想品德教育的义务

幼儿园教师应当对学生进行宪法所确定的基本原则的教育，爱国主义、民族团结的教育，法制教育以及思想品德、文化、科学技术教育，组织、带领学生开展有益的社会活动。

4. 关心、爱护、尊重学生的义务

幼儿园教师应当关心、爱护全体学生，尊重学生人格，促进学生在品德、智力、体质等方面全面发展。

5. 维护学生权益的义务

幼儿园教师应当制止有害于学生的行为或者其他侵犯学生合法权益的行为，批评和抵制有害于学生健康成长的现象。

6. 提高自身素质的义务

幼儿园教师应当提高自身思想政治觉悟和教育教学业务水平。

(三)幼儿园教师的职责

幼儿园教师对本班工作全面负责，其主要职责如下：(1)观察了解幼儿，依据国家有关规定，结合本班幼儿的发展水平和兴趣需要，制订和执行教育工作计划，合理安排幼儿一日生活；(2)创设良好的教育环境，合理组织教育内容，提供丰富的玩具和游戏材料，开展适宜的教育活动；(3)严格执行幼儿园安全、卫生保健制度，指导并配合保育员管理本班幼儿生活，做好卫生保健工作；(4)与家长保持经常联系，了解幼儿家庭的教育环境，商讨符合幼儿特点的教育措施，相互配合，共同完成教育任务；(5)参加业务学习和保育教育研究活动；(6)定期总结评估保教工作实效，接受园长的指导和检查。

二、幼儿园园长 >>>>>>>>>>>>>>>>>>>>>>>>>>>>>>>>>>>>>>>

幼儿园园长是幼儿园的负责人。国家实行幼儿园园长任职资格制度，幼儿园园长应当具有幼儿园教师资格、大学专科以上学历、3 年以上幼儿园工作经历和一定的组织管理经验，并取得幼儿园园长岗位培训合格证书。

幼儿园园长负责幼儿园的全面工作，主要职责如下：(1)贯彻执行国家的有关法律、法规、方针、政策和地方的相关规定，负责建立并组织执行幼儿园的各项规章制度；(2)负责保育教育、卫生保健、安全保卫工作；(3)负责按照有关规定聘任、调配教职工，指导、检查和评估教师以及其他工作人员的工作，并给予奖惩；(4)负责教职工的思想工作，组织业务学习，并为他们的学习、进修、教育研究创造必要的条件；(5)关心教职工的身心健康，维护他们的合法权益，改善他们的工作条件；(6)组织管理园舍、设备和经费；(7)组织和指导家长工作；(8)负责与社区的联系和合作。

学习笔记

三、幼儿园保育员

保育员是幼儿园或托儿所里负责照管儿童生活的人员，是辅助教师负责婴幼儿保健、养育和协助教师对婴幼儿进行教育的人员。根据《幼儿园工作规程》的规定，幼儿园保育员的主要职责如下：(1)负责本班房舍、设备、环境的清洁卫生和消毒工作；(2)在教师指导下，科学照料和管理幼儿生活，并配合本班教师组织教育活动；(3)在卫生保健人员和本班教师指导下，严格执行幼儿园安全、卫生保健制度；(4)妥善保管幼儿衣物和本班的设备、用具。

四、幼儿园卫生保健人员

托幼机构应当聘用符合国家规定的卫生保健人员，包括医师、护士和保健员。医师应当取得卫生行政部门颁发的《医师执业证书》；护士应当取得《护士执业证书》；保健员应当具有高中以上学历，经过卫生保健专业知识培训，具有托幼机构卫生保健基础知识，掌握卫生消毒、传染病管理和营养膳食管理等技能。

幼儿园卫生保健人员对全园幼儿身体健康负责，其主要职责如下：(1)协助园长组织实施有关卫生保健方面的法规、规章和制度，并监督执行。(2)负责指导调配幼儿膳食，检查食品、饮水和环境卫生。(3)负责晨检、午检和健康观察，做好幼儿营养、生长发育的监测和评价；定期组织幼儿健康体检，做好幼儿健康档案管理。(4)密切与当地卫生保健机构的联系，协助做好疾病防控和计划免疫工作。(5)向幼儿园教职工和家长进行卫生保健宣传和指导。(6)妥善管理医疗器械、消毒用具和药品。

五、托育机构工作人员

2019 年 5 月，《国务院办公厅关于促进 3 岁以下婴幼儿照护服务发展的指导意见》发布。文件提出要充分调动社会力量的积极性，多种形式开展婴幼儿照护服务，逐步满足人民群众对婴幼儿照护服务的需求，促进婴幼儿健康成长、广大家庭和谐幸福、经济社会持续发展。2019 年 10 月，国家卫健委发布《托育机构设置标准(试行)》和《托育机构管理规范(试行)》，为加强托育机构专业化、规范化建设和管理提供了依据。

按照规定，为 3 岁以下婴幼儿提供全日托、半日托、计时托、临时托等托育服务的机构，其工作人员应当具有完全民事行为能力和良好的职业道德，热爱婴幼儿，身心健康，无虐待儿童记录，无犯罪记录，并符合国家和地方相关规定要求的资格条件。国家依法逐步实行托育机构工作人员职业资格准入制度，对虐童等行为零容忍，对相关个人和直接管理人员实行终身禁入。

托育机构负责人负责全面工作，应当具有大专以上学历、有从事儿童保育教育、卫生健康等相关管理工作 3 年以上的经历，且经托育机构负责人岗位培训合格。保育人员主要负责婴幼儿日常生活照料，安排游戏活动，促进婴幼儿身心健康，养成良好行为习惯。保育人员应当具有婴幼儿照护经验或相关专业背景，受过婴幼儿保育相关培训和心理健康知识培训。保健人员应当经过妇幼保健机构组织的卫生保健专业知识培训合格。保安人员应当取得公安机关颁发的保安员证，并由获得公安机关保安服务许可证的保安公司派驻。

除了上述人员之外，幼儿园的其他工作人员也应当具备国家规定的资质，并履行规定的职责。

思考与应用

1. 幼儿园教师享有哪些权利？
2. 幼儿园教师应当履行哪些义务？
3. 幼儿园保育员的主要职责是什么？
4. 幼儿园卫生保健人员的主要职责是什么？

专题小结

国家实行幼儿园教师资格制度。幼儿园教师应当取得幼儿园教师资格；已取得其他教师资格的，经省、自治区、直辖市人民政府教育行政部门组织的专业培训并取得合格证书，方可在幼儿园任教。

国家实行教师聘任制度。学前教育机构应当与教师签订聘任合同，明确规定双方的权利、义务和责任。教师聘任制度包括招聘、续聘、解聘、辞聘四项内容，这四项内容分别具有不同的含义和要求。

幼儿园教师应当坚守职业道德，遵守《新时代幼儿园教师职业行为十项准则》的各项规定和要求。幼儿园教师违反职业道德的，将依据《幼儿园教师违反职业道德行为处理办法》进行违纪处理。

幼儿园教师享有法律规定的权利，应当履行法律规定的义务，应当忠诚于人民的教育事业。幼儿园的园长、保育员、卫生保健人员和其他工作人员，以及托育机构工作人员，应当具备国家规定的资质，并履行规定的职责。

学习反思

专题五
学前教育机构的保育和教育职责

学前教育是国民教育体系的重要组成部分，是重要的社会公益事业。贯彻国家的教育方针，按照保育与教育相结合的原则，遵循幼儿身心发展特点和规律，实施德智体美劳全面发展的教育，促进幼儿身心和谐发展，是学前教育机构的主要任务。幼儿的年龄特点决定了学前教育与其他阶段的教育是不同的，保教结合是幼儿园教育必须要遵循的重要原则。

学习目标

1. 了解学前教育的性质、地位、任务，掌握学前教育的主要目标。
2. 知道保育的含义及重要性，掌握保育工作的主要职责。
3. 掌握学前教育的原则、要求、内容，理解幼儿园教育的形式。

学习主题一
学前教育的地位和任务

学习笔记

一、学前教育的性质、地位和特点 >>>>>>>>>>>>>>>>>>>>

在我国，学前教育是国民教育体系的重要组成部分，是学校教育制度的起始阶段，是终身教育的奠基阶段，是重要的社会公益事业。学前教育具有公益性与非义务性、基础性与启蒙性、先导性、保教结合性、直接经验性等特性。

（一）学前教育具有公益性与非义务性

学前教育是对新生一代实施教育的重要组成部分，可帮助和引导父母教育好自己幼小的孩子，并通过收托婴幼儿使父母们能够安心地投身到自己的本职工作中去，有利于社会的发展和进步。① 目前，各国都将学前教育列入社会公益性公共事业的范畴，加强学前教育的财政投入是保障学前教育公益性实现的物质条件。大部分欧洲国家都是通过公共财政来支持学前教育的发展的。有一些国家不论父母的就业状况或收入如何，学前教育都是免费的。如在法国，所有 2～6 岁幼儿的教育都是免费的。也有一些国家的学前教育采取国家财政支持和根据父母收入水平交费并行的方式，如在德国和意大利，为所有 3～6 岁儿童提供免费学前教育，3 岁以下幼儿的保育则由社会福利加以保障，并由其父母支付不多于 20%的费用。② 我国也正在加大对学前教育的投入力度。2018 年，《中共中央 国务院关于学前教育深化改革规范发展的若干意见》指出："国家进一步加大学前教育投入力度，逐步提高学前教育财政投入和支持水平，主要用于扩大普惠性资源、补充配备教师、提高教师待遇、改善办园条件。"

上幼儿园难，上公办幼儿园更难，这已经成为很多家长的"心病"。将学前教育纳入义务教育的提案，因抓住老百姓希望政府帮他们减轻教育成本的心情，引起社会的广泛热议。针对《关于将托儿所幼儿园纳入义务教育体系的提案》，教育部网站发布《关于政协十三届全国委员会第三次会议第 4574 号(教育类 433 号)提案答复的函》，指出："义务教育具有普及、免费和强制等特点，目前老百姓对学前教育的主要诉求是希望政府承担更多责任，尽快解决'入园难''入园贵'问题。对学前教育是否应具强制性，或多长年限的学前教育应具强制性，各界还有不同看法，需进一步研究论证。目前最迫切的是贯彻落实政府责任，着力扩大普惠性学前教育资源，努力满足老百姓接受普惠性学前教育的需求。"义务教育带有强制性的特点，而我们不能强迫 3 岁的孩子去上学。从世界各国的情况看，现在也只有很少的国家把学前三年教育纳入义务教育。因此，学前教育还具有非义务性，

---

① 黄人颂：《学前教育学(第 2 版)》，4 页，北京，人民教育出版社，2009。

② 刘占兰：《学前教育必须保持教育性和公益性》，载《教育研究》，2009(5)。

学习笔记

这意味着政府以及幼儿园等学前教育机构不得强迫幼儿入园接受教育。

（二）学前教育具有基础性与启蒙性

学前教育是基础教育的组成部分，是终身教育的奠基阶段。幼儿时期所接受教育的机会多少和质量优劣，会对人的社会性、情感、语言、基本认知技能以及身体与动作发展等各方面产生深刻而长远的影响，持续发挥潜移默化的作用，并贯穿于人一生的发展，在人生构架中具有基础性。① 大脑科学研究证明，早期经验影响大脑的结构。学前教育能为人的一生发展打下良好的基础，为提高国民素质、促进经济与社会的发展、提高人才资源的水平作出贡献。②

启蒙性是指学前教育机构在开展教育工作时，要基于幼儿的身心发展特点及生活化、游戏化的教育方式，选择适宜的、基本的、具有启蒙性的教育内容，启于未发、适时而教，从而促进幼儿的健康发展。幼儿园等学前教育机构不得以小学化的教育方式传授小学化的教育内容，而应当以游戏为基本方式开展与实施生活化的课程，促进幼儿德智体美劳全面发展。

（三）学前教育具有先导性

学前教育是儿童教育的开始阶段，合理的学前教育可以让儿童未来的发展有个好的开端，因而具有先导性。培养适应未来社会发展的开拓性人才，要及时进行良好的学前教育，以有利于后续教育的展开。③

长期以来，我国学前教育按照“让孩子健康成长”和“让家长安心工作”两方面的要求发展，体现了其教育属性和社会服务属性。随着认识的不断深入，学前教育作为一种重要的教育类型被广泛接受，并与初等教育、中等教育、高等教育一起构成了现代国民教育体系。与其他各级各类教育事业相比，学前教育更具有基础性、先导性作用，因为学前教育必须在特定时期实施和完成，具有不可补偿性。发展学前教育不仅能促进幼儿全面健康发展，而且能带动整个教育事业健康发展。只有学前教育良性发展，各级各类教育事业才能协调、可持续发展；反之，学前教育发展滞后，将直接影响义务教育及以后学段教育事业发展，从而影响人民群众对教育事业全局的总体评价。④

（四）学前教育具有保教结合性

学前教育的对象是0～6岁的儿童，这个时期，幼儿的身体正处于发育和完善的阶段，需要成人保护和照料。所以学前教育包含着保育，或称为学前保育与教育。保育主要指对幼儿身心的保护和养育，即提供适宜的环境，帮助幼儿身体机能良好发育，提高幼儿的生活和生存能力，促进幼儿身心健康发展。教育有广义和狭义之分，广义的教育泛指一切有目的地影响人的身心发展的社会实践活动，狭义的教育是有目的、有计划地传递社会生活经验并培养人的社会活动。保育比较注重个体的身体健康、生活，教育更强调心智和社会性发展。从广义的教育内涵和“完整儿童”的发展特点来看，任何阶段的教育都应是保育和教育的统一。而

---

① 李飞：《对学前教育“基础性价值”的再思考》，载《陕西学前师范学院学报》，2019(8)。
② 黄人颂：《学前教育学（第2版）》，3页，北京，人民教育出版社，2009。
③ 黄人颂：《学前教育学（第2版）》，3页，北京，人民教育出版社，2009。
④ 单大圣：《学前教育发展历程及基本经验》，载《教育观察（下半月）》，2016(3)。

学习笔记

幼儿由于身心发育尚不成熟，自我保护能力和适应调节能力较弱，需要加倍呵护。因此，在幼儿教育时期，保育和教育被予以特别重视，保教关系也被专门提出，构成了学前教育区别于中小学的一对特有矛盾范畴。[①] 在保教过程中，教师要尊重儿童，维护儿童应有的权利，对儿童生活能力和行为习惯进行培养和指导，使儿童身心健康地发展。[②] 学前教育应当坚持保育与教育相结合，一日生活皆课程。

（五）学前教育具有直接经验性

心理学家皮亚杰把儿童认识的建构过程划分为感知运动阶段(0～2 岁)、前运算阶段（2～6 岁）、具体运算阶段（6～12 岁）、形式运算阶段（12～15 岁）四个阶段。[③] 在不同的认知阶段，儿童的认知思维和特点不同。在感知运动阶段，儿童经过最初的习惯形成，对主体和客体的关系产生了最初的协调，从对事物的被动反应发展到主动探究，从认识自己的身体到探究外界事物，并逐渐获得了客体永久性。对这一阶段的儿童应进行早期教育，及时给儿童提供多样化的供观察的玩具，进行促进儿童发展动作的训练，经常与儿童说话或对话，等等。到了前运算阶段，在前一阶段发展的基础上，各种感知运动图式开始内化成为表象或形象图式。特别是由于语言的出现和发展，儿童日益频繁地使用表象符号来代替外界事物，这就是表象思维。对这一阶段的儿童，应有意识地进行形成守恒的作业，如通过观察、测量、计算等活动培养幼儿的重量、容量、速度、时间等初步科学概念。[④]

具体形象思维是幼儿基本的思维方式，他们通过感官和动作直接接触事物，亲自动手操作，直接体验，从而获得相应的经验。例如，幼儿在刚开始学习计数时，需要借助具体的事物，一边用手部触摸一个物体，一边说出一个数字，进行手口一致的数数。再如，为了让幼儿获得有关种子的秘密，就需要提供相应的支持，鼓励幼儿在亲自种植、亲自观察与比较的基础上获得有关种子的一系列核心经验，如种子的多样性，种子发芽与生长的基本需求、生命周期及与周围环境的相互关系，等等，并在探究的过程中提高探究能力，对周围事物萌发探究的兴趣。如果教师采用讲解法，直接告知幼儿有关种子的抽象知识，幼儿是无法理解的，也无法进行真正的学习。总之，学前教育具有直接经验性，教师需要让幼儿进行直接体验，通过亲自动手操作等方式让幼儿习得相应的知识与经验，在探究过程中提高探究能力。

二、学前教育的根本任务 >>>>>>>>>>>>>>>>>>>>>>>>>>>>>>

学前教育的任务就是根据统一的教育目的，结合学前儿童身心发展水平而提出的具体目标，它是整个教育体系下教育的目的在学前教育阶段的具体体现。《教育法》第五条规定了我国的教育目的：“教育必须为社会主义现代化建设服务、为人民服务，必须与生产劳动和社会实践相结合，培养德智体美劳全面发展的社会

---

① 邓诚恩：《幼儿园保教关系新论》，载《陕西学前师范学院学报》，2017(4)。

② 黄人颂：《学前教育学(第 2 版)》，4 页，北京，人民教育出版社，2009。

③ 陈瑞芳、郑丽君：《皮亚杰认知发展理论及其对当代教育教学的启示》，载《当代教育论坛(校长教育研究)》，2007(5)。

④ 刘长城、张向东：《皮亚杰儿童认知发展理论及对当代教育的启示》，载《当代教育科学》，2003(1)。

学习笔记

主义建设者和接班人。”由此推论，学前教育的目的是为培养德智体美劳全面发展的社会主义建设者和接班人奠定坚实基础。

学前教育的任务是随着时代发展而不断变化的，主要包含四个阶段：在第一阶段——初创阶段，学前教育的任务主要是为工作的母亲照管儿童，重点是儿童生活与安全方面的照顾。19 世纪下半叶至 20 世纪上半叶是第二阶段——探索阶段，这一时期学前教育的任务是帮助工作的母亲照顾儿童，并进行促进幼儿身心发展的教育。20 世纪 60 年代到 70 年代是第三阶段——稳定发展阶段，这一时期学前教育的任务是发展儿童的智力。20 世纪 80 年代至今是第四阶段——快速发展阶段，这一时期学前教育的任务是促进儿童身体、情绪、认知、社会性等方面的全面发展。

学前教育的根本任务由国家通过法律法规的方式予以规定和确认。《幼儿园工作规程》第三条规定幼儿园的任务是：“贯彻国家的教育方针，按照保育与教育相结合的原则，遵循幼儿身心发展特点和规律，实施德、智、体、美等方面全面发展的教育，促进幼儿身心和谐发展。”同时，幼儿园面向幼儿家长提供科学的育儿指导。

三、学前教育的方针、目标 >>>>>>>>>>>>>>>>>>>>>>>>>>

视频：学前教育机构的保育和教育职责

实施学前教育应当坚持中国共产党的全面领导，全面贯彻国家教育方针，坚持社会主义办学方向，落实立德树人根本任务，遵循儿童身心发展规律，培育社会主义核心价值观，促进儿童德智体美劳全面发展，为培养担当民族复兴大任的时代新人奠定基础。

《幼儿园工作规程》第五条规定：“幼儿园保育和教育的主要目标是：(一)促进幼儿身体正常发育和机能的协调发展，增强体质，促进心理健康，培养良好的生活习惯、卫生习惯和参加体育活动的兴趣。(二)发展幼儿智力，培养正确运用感官和运用语言交往的基本能力，增进对环境的认识，培养有益的兴趣和求知欲望，培养初步的动手探究能力。(三)萌发幼儿爱祖国、爱家乡、爱集体、爱劳动、爱科学的情感，培养诚实、自信、友爱、勇敢、勤学、好问、爱护公物、克服困难、讲礼貌、守纪律等良好的品德行为和习惯，以及活泼开朗的性格。(四)培养幼儿初步感受美和表现美的情趣和能力。”

学习笔记

教育部于 2012 年 9 月印发了《3～6 岁儿童学习与发展指南》，文件以为幼儿后继学习和终身发展奠定良好素质基础为目标，以促进幼儿德、智、体、美各方面的协调发展为核心，通过提出 3～6 岁各年龄段儿童学习与发展目标和相应的教育建议，帮助幼儿园教师和家长了解 3～6 岁幼儿学习与发展的基本规律和特点，建立对幼儿发展的合理期望，实施科学的保育和教育，让幼儿度过快乐而有意义的童年。《3～6 岁儿童学习与发展指南》提出的儿童学习与发展目标如表 5-1 所示。

表 5-1　《3～6 岁儿童学习与发展指南》五大领域目标

领域	子领域	目标
健康	身心状况	目标 1 具有健康的体态 目标 2 情绪安定愉快 目标 3 具有一定的适应能力
	动作发展	目标 1 具有一定的平衡能力，动作协调、灵敏 目标 2 具有一定的力量和耐力 目标 3 手的动作灵活协调
	生活习惯与生活能力	目标 1 具有良好的生活与卫生习惯 目标 2 具有基本的生活自理能力 目标 3 具备基本的安全知识和自我保护能力
语言	倾听与表达	目标 1 认真听并能听懂常用语言 目标 2 愿意讲话并能清楚地表达 目标 3 具有文明的语言习惯
	阅读与书写准备	目标 1 喜欢听故事，看图书 目标 2 具有初步的阅读理解能力 目标 3 具有书面表达的愿望和初步技能
社会	人际交往	目标 1 愿意与人交往 目标 2 能与同伴友好相处 目标 3 具有自尊、自信、自主的表现 目标 4 关心尊重他人
	社会适应	目标 1 喜欢并适应群体生活 目标 2 遵守基本的行为规范 目标 3 具有初步的归属感
科学	科学探究	目标 1 亲近自然，喜欢探究 目标 2 具有初步的探究能力 目标 3 在探究中认识周围事物和现象
	数学认知	目标 1 初步感知生活中数学的有用和有趣 目标 2 感知和理解数、量及数量关系 目标 3 感知形状与空间关系
艺术	感受与欣赏	目标 1 喜欢自然界与生活中美的事物 目标 2 喜欢欣赏多种多样的艺术形式和作品
	表现与创造	目标 1 喜欢进行艺术活动并大胆表现 目标 2 具有初步的艺术表现与创造能力

思考与应用

1. 谈一谈幼儿园的任务是什么。
2. 简述幼儿园保育与教育的主要目标是什么。

学习主题二
学前教育机构的保育和教育职责

学习笔记

一、幼儿园的保育职责

保育的具体定义有多种，一般是指成人(家长或保育人员)精心照管儿童，使之在身心与环境适应等方面健康成长。保育主要包括抚养、教养、教育等内容，旨在帮助儿童获得良好发育，逐渐提高儿童独立生活能力。保育由家庭保育和托幼机构保育统一构成。①

(一)保育工作的重要性

看似平凡、琐碎的保育工作，其实蕴含着较强的科学性。幼儿园等学前教育机构要突出幼儿一日生活各环节中的保育中心工作，要遵循《幼儿园工作规程》《幼儿园管理条例》《托儿所幼儿园卫生保健管理办法》《保育员：国家职业技能标准》等规定的要求，围绕保教思想观念和职业道德、幼儿生活管理、清洁卫生、配合教育活动等内容制定保育工作细则，明确具体的操作规范，使保育工作形成规范、科学、有序的操作体系。

《幼儿园管理条例》明确规定，幼儿园应当保障幼儿的身体健康，培养幼儿的良好生活、卫生习惯。《幼儿园工作规程》也规定，幼儿园应当切实做好幼儿生理和心理卫生保健工作；应当关注幼儿的心理健康，注重满足幼儿的发展需要，保持幼儿积极的情绪状态，让幼儿感受到尊重和接纳。

学前儿童正处于身体生长发育迅速发展的重要时期，虽然这个时期幼儿已经具有人体的基本结构，但是各个系统尚未发育完善，免疫力低，易受到恶劣天气的影响与传染病的侵袭，自我保护意识及保护方法欠缺。因此，对幼儿进行照顾和保护、做好保育工作非常重要，有助于促进幼儿身体健康发展。

幼儿园的保育工作不仅仅是对幼儿生活的安排和护理、对幼儿身体的保健和养育以及生长发育指标的完成，更应该关注创设宽松、和谐的精神环境，关注幼儿的情绪和需要，提高幼儿的生活质量，促进幼儿的身心全面、协调发展。在实施保育的同时，要高度重视幼儿的心理健康，要为幼儿创设一个安全、温暖、信任、互爱的环境，使幼儿的积极情绪能够经常得以体现，这是维护幼儿心理健康、促进幼儿身心发展的重要保障。

(二)坚持保育与教育相结合的原则

保育主要是为儿童的生存、发展创设有利的环境和提供物质条件，给予儿童精心的照顾和养育，帮助其身体和机能良好地发育，促进其身心健康地发展；教

① 向洪、张文贤、李开兴：《人口科学大辞典》，742页，成都，成都科技大学出版社，1994。

育则重在培养儿童良好的行为习惯、态度，发展儿童的认知、情感、社会性等，引导儿童进行必要的学习。

学前教育机构保育和教育不可分割的关系是由学前教育工作的特殊性和儿童身心发展的特点决定的。虽然保育和教育有各自的主要职能，但并不是截然分离的，教育中包含了保育的成分，保育中也渗透了教育的内容。

保育和教育不是孤立进行的，而是在统一的教育目标的指引下，在同一教育过程中实现的。保育老师在护理幼儿时随机地、有意识地实施教育，将有利于促进幼儿的发展。

（三）保育工作的内容

根据《幼儿园工作规程》，幼儿园应当制定合理的幼儿一日生活作息制度。正餐间隔时间为 3.5～4 小时。在正常情况下，幼儿户外活动时间(包括户外体育活动时间)每天不得少于 2 小时，寄宿制幼儿园不得少于 3 小时；高寒、高温地区可酌情增减。供给膳食的幼儿园应当为幼儿提供安全卫生的食品，编制营养平衡的幼儿食谱，定期计算和分析幼儿的进食量和营养素摄取量，保证幼儿合理膳食。幼儿园应当每周向家长公示幼儿食谱，并按照相关规定进行食品留样。幼儿园应当配备必要的设备设施，及时为幼儿提供安全卫生的饮用水。幼儿园应当培养幼儿良好的大小便习惯，不得限制幼儿便溺的次数、时间等。幼儿园应当积极开展适合幼儿的体育活动，充分利用日光、空气、水等自然因素以及本地自然环境，有计划地锻炼幼儿肌体，增强身体的适应和抵抗能力。正常情况下，每日户外体育活动时间不得少于 1 小时。幼儿园夏季要做好防暑降温工作，冬季要做好防寒保暖工作，防止中暑和冻伤。

根据《托育机构管理规范(试行)》，托育机构应当科学合理安排婴幼儿的生活，做好饮食、饮水、喂奶、如厕、盥洗、清洁、睡眠、穿脱衣服、游戏活动等服务。托育机构应当顺应喂养，科学制定食谱，保证婴幼儿膳食平衡。有特殊喂养需求的，婴幼儿监护人应当提供书面说明。托育机构应当保证婴幼儿每日户外活动不少于 2 小时，寒冷、炎热季节或特殊天气情况下可酌情调整。托育机构应当提供适宜刺激，丰富婴幼儿的直接经验，支持婴幼儿主动探索、操作体验、互动交流和表达表现，发挥婴幼儿的自主性，保护婴幼儿的好奇心。托育机构应当建立照护服务日常记录和反馈制度，定期与婴幼儿监护人沟通婴幼儿发展情况。

二、幼儿园的教育职责 >>>>>>>>>>>>>>>>>>>>>>>>>>>>>

幼儿园的教育应当贯彻国家的教育方针，按照保育与教育相结合的原则，遵循幼儿身心发展特点和规律，实施德智体美等方面全面发展的教育，促进幼儿身心和谐发展，全面落实《幼儿园工作规程》所规定的保育和教育目标。

（一）幼儿园教育的原则和要求

3～6 岁儿童具有具体形象思维的特点，还不具备抽象逻辑思维，因此幼儿园教育与其他阶段的教育有很大的不同。例如，不能用抽象的讲解等方式来教授抽象的知识，而应该采用游戏化的方式让幼儿在游戏中亲身体验、动手操作，获得相应的知识与经验。另外，学前教育是学校教育的起始阶段与启蒙阶段，因此对

学习笔记

于3～6岁儿童的教育应当是启蒙性的，而非专门化、技能化的。

根据3～6岁儿童的年龄特点，《幼儿园工作规程》第二十五条规定："幼儿园教育应当贯彻以下原则和要求：(一)德、智、体、美等方面的教育应当互相渗透，有机结合。(二)遵循幼儿身心发展规律，符合幼儿年龄特点，注重个体差异，因人施教，引导幼儿个性健康发展。(三)面向全体幼儿，热爱幼儿，坚持积极鼓励、启发引导的正面教育。(四)综合组织健康、语言、社会、科学、艺术各领域的教育内容，渗透于幼儿一日生活的各项活动中，充分发挥各种教育手段的交互作用。(五)以游戏为基本活动，寓教育于各项活动之中。(六)创设与教育相适应的良好环境，为幼儿提供活动和表现能力的机会与条件。"

(二)幼儿园教育的内容

幼儿的思维方式决定了幼儿是以生活化、游戏化的方式进行学习，在生活中获得经验，在游戏中提高各方面的能力，因此设定教育活动内容应当以幼儿的实际水平为依据。另外，不同的幼儿生活经验是不同的，而幼儿教育是启蒙教育，应避免幼儿获得的只是零散化的经验。因此，教育活动内容除了根据幼儿的实际水平和兴趣确定，还需要根据教育目标，以循序渐进为原则，有计划地选择和组织。

《幼儿园工作规程》规定，幼儿园不得提前教授小学教育内容，不得开展任何违背幼儿身心发展规律的活动。小学教育内容是抽象的，而3～6岁儿童主要进行具体形象思维，其思维还未发展到可以理解抽象化的知识的阶段。过早地用小学化的方式教授小学教育内容会适得其反，让幼儿产生厌学的情绪。此外，若幼儿提前学习小学教育内容，进入小学后容易因为要学习的内容已经会了而产生注意力不集中、不认真听讲、骄傲自大等不良行为表现。

《幼儿园教育与指导纲要(试行)》指出，幼儿园的教育内容是全面的、启蒙性的，可以相对划分为健康、语言、社会、科学、艺术五个领域，也可做其他不同的划分。各领域的内容相互渗透，从不同的角度促进幼儿情感、态度、能力、知识、技能等方面的发展。

小知识

《幼儿园教育指导纲要(试行)》规定的教育目标、内容与要求

一、健康

(一)目标

1. 身体健康，在集体生活中情绪安定、愉快。
2. 生活、卫生习惯良好，有基本的生活自理能力。
3. 知道必要的安全保健常识，学习保护自己。
4. 喜欢参加体育活动，动作协调、灵活。

(二)内容与要求

1. 建立良好的师生、同伴关系，让幼儿在集体生活中感到温暖，心情愉快，形成安全感、信赖感。
2. 与家长配合，根据幼儿的需要建立科学的生活常规。培养幼儿良好的饮食、睡眠、盥洗、排泄等生活习惯和生活自理能力。

3. 教育幼儿爱清洁、讲卫生，注意保持个人和生活场所的整洁和卫生。

4. 密切结合幼儿的生活进行安全、营养和保健教育，提高幼儿的自我保护意识和能力。

5. 开展丰富多彩的户外游戏和体育活动，培养幼儿参加体育活动的兴趣和习惯，增强体质，提高对环境的适应能力。

6. 用幼儿感兴趣的方式发展基本动作，提高动作的协调性、灵活性。

7. 在体育活动中，培养幼儿坚强、勇敢、不怕困难的意志品质和主动、乐观、合作的态度。

二、语言

（一）目标

1. 乐意与人交谈，讲话礼貌。

2. 注意倾听对方讲话，能理解日常用语。

3. 能清楚地说出自己想说的事。

4. 喜欢听故事、看图书。

5. 能听懂和会说普通话。

（二）内容与要求

1. 创造一个自由、宽松的语言交往环境，支持、鼓励、吸引幼儿与教师、同伴或其他人交谈，体验语言交流的乐趣，学习使用适当的、礼貌的语言交往。

2. 养成幼儿注意倾听的习惯，发展语言理解能力。

3. 鼓励幼儿大胆、清楚地表达自己的想法和感受，尝试说明、描述简单的事物或过程，发展语言表达能力和思维能力。

4. 引导幼儿接触优秀的儿童文学作品，使之感受语言的丰富和优美，并通过多种活动帮助幼儿加深对作品的体验和理解。

5. 培养幼儿对生活中常见的简单标记和文字符号的兴趣。

6. 利用图书、绘画和其他多种方式，引发幼儿对书籍、阅读和书写的兴趣，培养前阅读和前书写技能。

7. 提供普通话的语言环境，帮助幼儿熟悉、听懂并学说普通话。少数民族地区还应帮助幼儿学习本民族语言。

三、社会

（一）目标

1. 能主动地参与各项活动，有自信心。

2. 乐意与人交往，学习互助、合作和分享，有同情心。

3. 理解并遵守日常生活中基本的社会行为规则。

4. 能努力做好力所能及的事，不怕困难，有初步的责任感。

5. 爱父母长辈、老师和同伴，爱集体、爱家乡、爱祖国。

（二）内容与要求

1. 引导幼儿参加各种集体活动，体验与教师、同伴等共同生活的乐趣，帮助他们正确认识自己和他人，养成对他人、社会亲近、合作的态度，学习初步的人际交往技能。

2. 为每个幼儿提供表现自己长处和获得成功的机会，增强其自尊心和自信心。

3. 提供自由活动的机会，支持幼儿自主地选择、计划活动，鼓励他们通过多方面的努力解决问题，不轻易放弃克服困难的尝试。

4. 在共同的生活和活动中，以多种方式引导幼儿认识、体验并理解基本的社会行为规则，学习自律和尊重他人。

5. 教育幼儿爱护玩具和其他物品，爱护公物和公共环境。

6. 与家庭、社区合作，引导幼儿了解自己的亲人以及与自己生活有关的各行各业人们的劳动，培养其对劳动者的热爱和对劳动成果的尊重。

7. 充分利用社会资源，引导幼儿实际感受祖国文化的丰富与优秀，感受家乡的变化和发展，激发幼儿爱家乡、爱祖国的情感。

8. 适当向幼儿介绍我国各民族和世界其他国家、民族的文化，使其感知人类文化的多样性和差异性，培养理解、尊重、平等的态度。

四、科学

(一)目标

1. 对周围的事物、现象感兴趣，有好奇心和求知欲。

2. 能运用各种感官，动手动脑，探究问题。

3. 能用适当的方式表达、交流探索的过程和结果。

4. 能从生活和游戏中感受事物的数量关系并体验到数学的重要和有趣。

5. 爱护动植物，关心周围环境，亲近大自然，珍惜自然资源，有初步的环保意识。

(二)内容与要求

1. 引导幼儿对身边常见事物和现象的特点、变化规律产生兴趣和探究的欲望。

2. 为幼儿的探究活动创造宽松的环境，让每个幼儿都有机会参与尝试，支持、鼓励他们大胆提出问题，发表不同意见，学会尊重别人的观点和经验。

3. 提供丰富的可操作的材料，为每个幼儿都能运用多种感官、多种方式进行探索提供活动的条件。

4. 通过引导幼儿积极参加小组讨论、探索等方式，培养幼儿合作学习的意识和能力，学习用多种方式表现、交流、分享探索的过程和结果。

5. 引导幼儿对周围环境中的数、量、形、时间和空间等现象产生兴趣，建构初步的数概念，并学习用简单的数学方法解决生活和游戏中某些简单的问题。

6. 从生活或媒体中幼儿熟悉的科技成果入手，引导幼儿感受科学技术对生活的影响，培养他们对科学的兴趣和对科学家的崇敬。

7. 在幼儿生活经验的基础上，帮助幼儿了解自然、环境与人类生活的关系。从身边的小事入手，培养初步的环保意识和行为。

五、艺术

(一)目标

1. 能初步感受并喜爱环境、生活和艺术中的美。

2. 喜欢参加艺术活动，并能大胆地表现自己的情感和体验。

3. 能用自己喜欢的方式进行艺术表现活动。

(二)内容与要求

1. 引导幼儿接触周围环境和生活中美好的人、事、物，丰富他们的感性经验和审美情趣，激发他们表现美、创造美的情趣。

2. 在艺术活动中面向全体幼儿，要针对他们的不同特点和需要，让每个幼儿都得到美的熏陶和培养。对有艺术天赋的幼儿要注意发展他们的艺术潜能。

3. 提供自由表现的机会，鼓励幼儿用不同艺术形式大胆地表达自己的情感、理解和想象，尊重每个幼儿的想法和创造，肯定和接纳他们独特的审美感受和表现方式，分享他们创造的快乐。

4. 在支持、鼓励幼儿积极参加各种艺术活动并大胆表现的同时，帮助他们提高表现的技能和能力。

5. 指导幼儿利用身边的物品或废旧材料制作玩具、手工艺品等来美化自己的生活或开展其他活动。

6. 为幼儿创设展示自己作品的条件，引导幼儿相互交流、相互欣赏、共同提高。

（三）幼儿园教育的形式

学习笔记

尊重个体差异是开展幼儿园教育需要遵循的重要原则之一，因此教师组织幼儿园教育活动时，应当灵活地运用集体、小组和个别活动等形式，为每个幼儿提供充分参与的机会，满足幼儿多方面发展的需要，促进每个幼儿在不同水平上得到发展。

游戏化的方式符合幼儿注意的特点及具体形象思维的特点，幼儿对游戏感兴趣，能较长时间地参与其中，乐此不疲。因此幼儿园应当将游戏作为对幼儿进行全面发展教育的重要形式，让幼儿在游戏中促进各方面的发展。托育机构应当以游戏为主要活动形式，促进婴幼儿在身体发育、动作、语言、认知、情感与社会性等方面的全面发展。

爱游戏是幼儿的天性，亲自体验、动手操作是幼儿的主要学习方式，因此幼儿园应当因地制宜地创设游戏条件，提供丰富、适宜的游戏材料，保证充足的游戏时间，开展多种游戏活动。托育机构开展游戏活动，应当重视婴幼儿的情感变化，注重与婴幼儿面对面、一对一的交流互动，动静交替，合理搭配多种游戏类型。

不同年龄段的幼儿发展水平不同，游戏化的水平也不同，因此幼儿园应当根据幼儿的年龄特点指导游戏，鼓励和支持幼儿根据自身兴趣、需要和经验水平，自主选择游戏的内容、材料和伙伴，使幼儿在游戏过程中获得积极的情绪情感，促进幼儿能力和个性的全面发展。

游戏为教育提供了一种顺应儿童天性的法则，其精神存在乃是儿童天性的表达与呈现。当游戏成为儿童的一种天性，它便成为儿童不可被人为侵犯和剥夺的神圣权益，保障这种权益的实现应是教育所不能推脱的职责与使命。游戏更为教育提供了一条向童年生活回归的道路。当游戏作为儿童精神的一种存在，它便在实质上成为儿童的一种生活方式。以游戏精神贯穿和融入其中的童年期所演绎出的就是整个童年生活的状态与过程，而童年生活也恰恰就是一种不断游戏着的生活。正是在这个意义上，童年期与游戏期乃是同一个概念。①

① 丁海东：《游戏的教育价值及其在幼儿园课程中的实现路径》，载《学前教育研究》，2006(12)。

思考与应用

1. 简述保育工作的重要性。
2. 简述幼儿园教育的原则和要求。
3. 简述幼儿园健康领域的教育目标、内容与要求。
4. 简述幼儿园科学领域的教育内容。

专题小结

学前教育是我国国民教育体系的重要组成部分，是重要的社会公益事业，是终身教育的奠基阶段。

学前教育具有公益性与非义务性、基础性与启蒙性、先导性、保教结合性、直接经验性等特性。

贯彻国家的教育方针，按照保育与教育相结合的原则，遵循幼儿身心发展特点和规律，实施德智体美等方面全面发展的教育，促进幼儿身心和谐发展，是学前教育的根本任务。

保育和教育是学前教育机构两大方面的工作，保教结合是幼儿园教育必须遵循的重要原则。保育和教育工作相互联系、相互渗透，做好保教工作能够促进幼儿身心健康发展，提高幼儿园的办园质量，有助于家园沟通与合作。

幼儿园教育应当面向全体幼儿，遵循幼儿发展规律，以游戏为主要方式，创设与教育相适应的良好环境，开展五大领域教育内容，从而促进幼儿德智体美劳全面发展。

学习反思

专题六
学前教育机构的安全管理工作

本专题将学习学前教育机构的安全管理工作。

幼儿在园学习、生活期间，学前教育机构对其负有教育、管理和保护义务。保护幼儿安全，防止发生事故，是学前教育机构的基本职责。

学前教育机构应当按照国家规定，构建完善的校园安全风险防控体系，建立、健全食品安全、卫生保健和传染病防治、消防安全、校车安全等各个方面的安全管理制度。发生校园安全事故后，要依法妥善进行处理，维护园所和幼儿的合法权益。

学习目标

1. 了解、掌握校园安全工作体系的八大组成部分。
2. 了解学前教育机构应当如何做好食品安全管理工作。
3. 了解学前教育机构应当如何做好卫生保健和传染病防治工作。
4. 了解学前教育机构应当如何做好消防安全管理工作。
5. 了解学前教育机构应当如何做好校车安全管理工作。
6. 了解、掌握学前教育机构应当如何依法妥善处理校园安全事故。

学习主题一 校园安全工作体系的构建

学习笔记

情境导入

施工现场不安全，幼儿被烧伤

某幼儿园为了美化园内环境，决定将室外活动场地靠近角落的一部分改造成花坛，并聘请了一个施工队来园进行施工。在施工初期，工地和幼儿活动场地之间曾有挡板进行隔离，但在工程临近结束时，挡板被工人撤走了。一日，在中班幼儿上室外活动课时，5岁的晓晓趁老师不注意溜进了施工现场，正在紧张作业的工人谁也没有留意到他的闯入。好奇的晓晓不停地看着、摸着，结果脚底一滑，不慎摔进了石灰池，导致身上多处被烧伤，医生诊断结论为30%四肢皮肤Ⅱ度烧伤并感染。经司法鉴定，晓晓为八级伤残。

学前教育机构怎样建立、健全校园安全工作体系，预防安全事故的发生呢？本主题中我们将学习校园安全工作体系的构建。

校园应当是最阳光、最安全的地方，生命不保，何谈教育？安全大于一切，安全责任重于泰山。保护在校师生的安全与健康，是学校教育工作之本，是千万个家庭幸福之基，是社会和谐稳定与进步之源。学龄前幼儿活泼好动，好奇心强烈，喜欢尝试和冒险，对身边的危险缺乏敏感性，自护和保护同伴安全的能力极为欠缺，保障他们在园学习、生活期间的安全，是学前教育机构和广大教职工的头等大事。做好校园安全工作，应当从细微处入手，统筹规划、综合考虑、全面部署，着力构建起完善的校园安全工作体系。

一、学校安全工作领导小组的设立

学校安全工作离不开强有力的领导。学前教育机构应当设立学校安全工作领导小组，全面负责学校安全工作。学校安全工作领导小组下面可以根据情况需要设立安全保卫机构、应急处置机构以及其他相关机构。其中，安全保卫机构应当配备一定数量的专(兼)职保卫人员，建立高效、规范的学校安全工作网络体系，并负责学校日常安全保卫工作。应急处置机构应当设立指挥组、保卫组、现场处置组、现场救护组、通信联络组、后勤保障组、事故调查组。一旦发生重大事故，各组应当根据事故实际情况及时启动应急工作。除此之外，学校安全工作领导小组下面还可视情况设立分管教育教学、设施设备、卫生保健等各方面安全工作的分支机构。实践中，学校也可以把这些分支机构同学校的各个职能部门结合起来，让每个职能部门负责某一方面的安全工作。

学校安全工作领导小组的组长由学前教育机构的负责人(以下统称“园长”)担任。园长是学校安全工作的第一责任人，领导学校安全工作，对学校安全工作负总责。

学习笔记

二、全员安全工作岗位责任制的建立 >>>>>>>>>>>>>>>>>>>>

在一所学校，谁处在安全工作的最前沿？谁最先接触到各种安全隐患信息？往往不是学校领导，而是处在一线的普通教职员工。相应地，学校的安全防线也应当前移。学校所有的教职员工，包括校长、副校长、各科室主任、班主任、任课教师、实验员、电工、厨师、保洁员、校车司机、门卫等，每个人都有各自明确的安全职责，都是一岗双责，既要做好本职业务工作，也要履行与本岗位相关的安全职责。

学校应当根据本单位的机构设置和组织层次特点，对校园安全工作进行目标分解，按照“横向到边，纵向到底”的原则，层层落实、责任到人，把安全目标的职责分解到学校每一个部门、每一个岗位、每一个人，实现全员、全方位、全过程、全天候的安全管理，全面落实安全工作岗位责任制。

2013 年 5 月，教育部印发了《中小学校岗位安全工作指南》，对中小学校 39 个岗位的安全职责做了详细规定。文件虽然是针对中小学校编写的，但对幼儿园和托育机构的安全工作也具有指导意义。各个幼儿园和托育机构可以根据自身特点和实际情况参考使用，明确每一位教职员工的岗位安全职责。

三、物资设备的安全建设 >>>>>>>>>>>>>>>>>>>>>>>>>>>>

学校应当提供符合安全标准的教育教学设施，不得在危及未成年人人身安全、身心健康的校舍和其他设施、场所中进行教育教学活动。学校所有的设施、设备包括建筑、场地、教具、学具、生活设施等必须符合国家规定的标准，不存在安全隐患。此外，为了预防来自校外的非法侵害，学校还应当加强物防和技防建设。

(一)物防建设

保卫校园安全，基本的物防设施必不可少。学校应当加强以下几个方面的物防建设。

其一，校门、围墙。学校的大门应当为铁门，并且应当坚固、牢靠，学生在校学习期间应保持关闭状态。学校要有封闭式的围墙，围墙的高度要足以防范不法者的翻越行为，现有围墙偏矮的，要予以加高、加固。可靠的校门、围墙可以在校园和外界之间起到物理隔离效果，便于防范不法侵入。

其二，防暴装备。为了提高安保人员处置突发恶性事件的能力，学校应当有选择地为安保人员配备橡胶棍棒(如丁字棍或伸缩棍)、警用钢叉、自卫喷雾器(如辣椒喷剂)、防割手套、防暴头盔、防刺背心、强光手电筒以及防暴抓捕网(如保安专用系列)等防暴装备。平时应加强对防暴装备的使用管理，防止丢失和非工作性的使用。

其三，通信器材。学校应当为安保人员配备必要的通信工具，以便相关人员在紧急情况下可以及时向领导报告、报警。此外，有条件的学校可以争取公安部门的支持，依托门卫室设立校园警务室(治安亭)，并喷涂醒目的外观，悬挂标识标牌，配备必要的办公设备。

(二)技防建设

技防(技术防范)是指利用视频监控、周界报警、“110”联网、红外探测等高科技手段，对重点部位、复杂场所、交通出入口等进行全方位、多角度、全时空监控的治安防范措施。面对日益复杂的校园治安形势，加强学校技防可以有效扩大校园治安的防控面积和防控点，能够及时发现治安问题，为案件的早期预防、处理和事后调查提供有力支持，从而更好地弥补“人防”的缺陷(受时间、地点及人的素质、精力等条件限制)，减少防控漏洞，增强校园治安防控的有效性。

案例与思考

游戏场地不平整导致幼儿受伤，家长起诉幼儿园

一日上午，老师组织中班的小朋友参加户外活动。5 岁的元元在和同学做游戏的过程中不慎摔倒，磕断了一颗门牙。元元的家长了解到，事故发生时该幼儿园的室外游戏场地有一处不平整，元元在跑动中踩到了浅坑处，导致重心不稳而摔倒。随后，元元的家长以幼儿园的活动场地存在安全隐患，安全管理不到位为由，代理元元将幼儿园诉至法庭，要求园方赔偿医疗费等损失共计 6000 元。法院经过开庭审理后作出判决，支持了元元的全部诉讼请求。

●讨论与思考：本案中，幼儿园为什么会被判决承担赔偿责任？

学习笔记

四、安全管理制度的建立、健全

学校的安全风险来自方方面面，为了有效规避风险、预防安全事故，也为了增强安全工作的实效，实现安全管理的流程化、规范化和制度化，学校应当建立、健全各个方面的安全管理制度。按照教育部制定的《中小学幼儿园安全管理办法》等规章的规定，各个学校应当建立门卫制度、校内安全定期检查制度、消防安全制度、水电气安全管理制度、食堂卫生制度、实验室管理制度、卫生保健制度、学生安全信息通报制度、住宿学生安全管理制度、校车管理制度、安全工作档案制度、教学安全制度、大型集体活动安全制度、体育活动安全制度、学生上下学接送交接制度等安全管理制度。既要有书面的制度，又要保证制度得到落实；通过制度来保证安全常规的施行，有效预防安全事故的发生。

我们曾经对媒体报道的从 2000 年到 2010 年发生的数十起校园踩踏事故进行研究，发现在发生踩踏事故的学校中，没有一所建立学生通行高峰期教师在楼道、楼梯值班巡逻、疏导通行的制度，也没有一所实行分年级、分班级逐次下楼、错峰通行的制度，而这样的制度本来是可以有效防范校园踩踏事故的发生的。可以说，制度就是生命线。

五、应急预案的制定和实施

学前教育机构应当按照国家规定并结合本校的实际情况和需要，制定应对各种灾害、传染性疾病、食物中毒、意外伤害等各类突发事件的应急预案，配备相应设施并进行必要的演练，增强未成年人的自我保护意识和能力。科学的应急预案可以指导学校有效处置校园内各类突发事件，提高学校快速反应和应急处置能力，减少突发事件所造成的损失，最大限度地保护在校师生的生命和财产安全。

近些年，教育部编制了《教育系统公共卫生类突发事件应急预案》《教育系统自

学习笔记

然灾害类突发公共事件应急预案》《教育系统事故灾难类突发公共事件应急预案》三个应急预案。其中，《教育系统公共卫生类突发事件应急预案》适用于可能对学校师生健康与生命安全造成危害的重大传染病、群体性不明原因疾病、食物中毒等公共卫生事件的应急处置工作，《教育系统自然灾害类突发公共事件应急预案》适用于学校应对地震、山体滑坡、泥石流、台风、洪灾等各类自然灾害的应急处置工作，《教育系统事故灾难类突发公共事件应急预案》则适用于火灾事故、交通事故、水面冰面溺水事故、拥挤踩踏事故、建筑物倒塌事故、煤气中毒事故、大型群体活动事故、校园爆炸事故、危险物品泄漏污染事故、后勤安全保障事故、校园周边安全事故、学校所属企事业单位安全事故、师生集体外出活动安全事故等事故灾难的应急处置工作。这些应急预案为各地教育管理部门、各学校制定应对各类各类突发事件的应急预案提供了依据和参考。

（一）应急预案的内容结构

一般而言，应急预案的内容结构应当包括以下几个部分：(1)编制预案的目的、工作原则、依据、适用范围；(2)组织指挥体系及各组织机构的职责；(3)预警和预防机制；(4)突发事件发生时的应急响应措施；(5)后期处置，包括善后处置、社会救助、保险、事故调查报告、经验教训总结及改进建议等；(6)保障措施，包括通信与信息保障，应急支援与装备保障，技术储备与保障，宣传、培训和演习，监督检查，等等。

（二）应急演练

应急预案制定后，学校应当组织师生进行演习、演练，特别要重点演练关于师生紧急疏散部分的内容，使师生掌握避险、逃生、自救的方法。校园内发生火灾、食物中毒、重大治安等突发安全事故以及自然灾害时，学校应当立即启动应急预案，及时组织教职工参与抢险、救助和防护，保障学生身体健康和人身、财产安全。根据教育部办公厅印发的《中小学幼儿园应急疏散演练指南》，幼儿园每季度至少要开展一次应急疏散演练。演练前要对师生身体情况做一次问询检查，对有特异体质(患先天性心脏病、癫痫等)的师生和演练前出现发烧、腿受伤等症状的不宜进行紧张活动和奔跑的师生，要给予特殊考虑和安排。

案例与思考

桑枣中学的疏散奇迹

据央视网、新华网报道，2008 年 5 月 12 日下午，当汶川大地震发生时，桑枣中学绝大部分学生都在教学楼里上课。当感觉到大地的震动时，各个教室里的学生都立刻按照老师的要求钻进课桌底下，在第一阵地震波过后，大家又在老师的指挥下立刻进行了快速而有序的紧急疏散。在地震发生后短短 1 分 36 秒左右的时间里，桑枣中学的 2200 名学生和上百名老师就已经全部安全地转移到了学校开阔的操场上。桑枣中学创造的奇迹得归功于该校每学期组织一次的紧急疏散演习。每次演习都按照预先制定的方案一步不漏地进行，两个班疏散时合用一个楼梯，每班必须排成单行。每个班级疏散到操场上的位置也是固定的，每次演习各班级都站在自己的地方，不会错。教室里面一般是 9 列 8 行，前 4 行从前门撤离，后 4 行从后门撤离，每行走哪条通道，学生们早已铭记在心。学生们事先被告知的还有：在 2 楼、3 楼的学生要跑得快些，以免堵塞逃生通道；在 4 楼、5 楼的学生要跑得慢些，以免在楼道中造成人流积压。每次演习，师生们都疏散得井然有序。地震那天，学生们正是按照平时学校要求的、他们也练熟了的方式疏散的。除了演习之外，桑枣中学的叶志平校长还有一个固执的行为，那就是经年累月地想方设法加固学校的教学楼。学校有一座实验教学楼，在20世纪80年代修建完成时没有经过验收，后来也就没人敢再进行验收。叶志平当上校长后，一直在加固、修建这座楼。他把这座楼上原来华而不实又非常沉重的砖栏杆拆掉，换上了轻巧美观又结实的钢管栏杆，并对整栋楼动了大手术，重灌水泥，把原来的22根直径为37厘米的承重柱都加粗到了50厘米。这座建造时只花了17万元的楼，光加固就用了40万元。在强烈地震发生时，这座楼里有700多名师生正在上课。由于经过加固的实验教学楼和其他教学楼岿然不动，为学生疏散赢得了宝贵的时间。

●讨论与思考：在本案例中，可以看到应急预案有哪些作用？

学习笔记

六、安全教育和演习 >>>>>>>>>>>>>>>>>>>>>>>>>>>>

儿童生活经验欠缺、智力发育不完全，他们对危险的识别能力较差，也缺乏自我保护的知识和技能。“无知者无畏”，他们常常在不知不觉中就靠近危险，在不经意间就受到了意外伤害。预防儿童伤害事故的发生，最重要的一点就是要对其开展充分的安全教育。学校安全工作的重点在于预防，而预防的重点又在于安全教育。安全教育可以让儿童识别身边存在的危险因素，提高其安全防范意识，使其掌握必要的自我保护的知识和技能，提高自我保护能力，从而有效预防伤害事故的发生。学前教育机构应当按照国家课程标准和地方课程设置要求，将安全教育纳入教学内容，对幼儿开展安全教育，培养幼儿的安全意识，提高幼儿的自我防护能力。

（一）安全教育的内容

学校应当对学生开展哪些方面的安全教育呢？按照《中小学幼儿园安全管理办法》第五章“安全教育”中的规定，学校应当开展的安全教育活动包括：(1)开学初、放假前有针对性地对学生集中开展安全教育；(2)新生入校后，让学生及时了解相关的学校安全制度和安全规定；(3)实验用品的防毒、防爆、防辐射、防污染等的安全防护教育；(4)用水、用电安全教育；(5)对寄宿学生进行防火、防盗和人身防护等方面的安全教育；(6)应对不法侵害的安全防范教育；(7)交通安全教育；(8)消防安全教育；(9)防范溺水的安全教育；(10)防范洪水、地震、火灾等灾害事故的安全教育，重点进行紧急疏散演练；等等。

（二）安全教育的实施途径

学校对学生的安全教育可以通过哪些途径来实施呢？一是在学科教学和综合实践活动课程中渗透安全教育的内容。二是利用班、团、校会及升旗仪式、专题讲座、墙报、板报、参观和演练等各种方式全方位、多角度地开展安全教育。三是通过游戏、实际体验、影片欣赏、角色扮演等寓教于乐的形式开展安全教育。四是通过与消防、交通、治安以及卫生、地震等部门建立密切联系，聘请专业人员对学生开展相应的安全教育。五是指导学生的家长加强对孩子的安全教育。

学习笔记

七、定期的安全检查和隐患整改

校舍、场地、设施、设备(统称“教育设施”)都有一定的使用期限，在使用过程中都会存在老化的问题，原本安全的教育设施可能突然变得不安全了。此外，孩子们有意无意的不当使用和破坏行为以及突发恶劣天气，都有可能给教育设施带来安全隐患。为了及时发现并消除教育设施中存在的不安全因素，防范意外事故的发生，学前教育机构应当建立教育设施的定期安全检查制度。

(一)安全检查的对象、时间

如何进行安全检查呢？安全检查的重点对象应当包括：学校房屋、围墙等校园建筑；操场、道路等校园场地；单杠、双杠、篮球架等体育设施；门、窗、护栏、楼梯等设施；水、电、气、暖设施；消防设施；实验器材、微机等教学设备。从检查时间上看，要有定期的、常规的检查，如开学前、放假后的综合性检查，大型设施、设备的月检查，门、窗、护栏等易于损耗的设施的日检查，以及教学用具的课前检查等；还要有临时性的检查，如大型活动之前对相关场地、设施的检查，大风、大雨等恶劣天气过后对校舍、墙体与水、电、气等设施、设备的检查等。

(二)安全检查结果的记录和处理

在检查过程中，发现教育设施存在损坏、变形等现象，有可能威胁到在校师生的人身、财产安全的，检查人员应当做好记录，并根据不同的隐患情况分别采取停用、隔离、更换、维修、设立警示标志、安排专人值班等措施，防止发生安全事故。对于自身无力解决的问题，学校应当及时上报主管部门或者其他部门寻求解决。其中，对于现有的校园危房，有关部门和学校应当严格执行国家关于学校危房改造的相关规定。D级危房(承重结构承载力已不能满足正常使用要求，整体已出现险情，构成整体危房)必须立即封闭，停止使用，并按时予以拆除；对C级危房(部分承重结构承载力已不能满足正常使用要求，局部已出现险情，构成局部危房)必须经过维护加固后方可保留使用，局部险情一时排除不掉的校舍，应封闭不安全的部分，并停止使用。

案例与思考

幼儿园围墙倒塌，致7人死亡

据新华社报道，一年夏天，某市居民李某跟她的亲戚杨某商量，想用杨某家的房子开办幼儿园。经同意后，李某在没有办理任何手续的情况下，就私自开办了蒲公英幼儿园。后来，教育部门曾责令其停办，但李某置之不理。在明明知道幼儿园周围建筑设施陈旧，长期无人管理、居住的情况下，李某也没有采取必要的安全防护措施。一日上午9点多，幼儿园南墙突然倒塌，把正在上课的幼儿及教师砸倒在地。事故导致7人死亡，4人受伤。随后，李某被依法逮捕。法院经审理认为，被告人李某明知教育设施存在安全隐患而不采取防护措施，致使发生重大伤亡事故，其行为已构成教育设施重大安全事故罪，依法判处被告人李某有期徒刑4年。

●讨论与思考：为什么要对教育设施进行安全检查？

学习笔记

八、安全工作台账的建立和管理 >>>>>>>>>>>>>>>>>>>>>>

安全工作台账，也称安全工作档案。把学校开展的各项安全工作所留下来的资料包括文字、图片、音频、视频等收集起来，分门别类后进行归档，就是一个安全工作台账。安全工作台账是学校日常各项安全管理工作的真实、完整的记载，全面地反映了学校的安全管理工作情况。建立安全工作台账，有利于确保学校安全管理责任落实到位，统筹整治学校安全隐患，推动学校安全工作的规范化、精细化和科学化，全面提升学校安全工作水平。此外，在上级部门进行安全检查的时候，或者在发生了校园安全事故之后，安全工作台账可以成为检查和衡量学校是否履行了安全职责的一个重要凭证。在法庭上，安全工作台账还可以成为一项重要的证据，对学校和安全管理人员起到保护作用。

一般而言，安全工作台账应当包括下列内容：

(1)法规和上级文件，包括有关学校安全工作的法律、法规、规章以及上级部门下发的制度性文件、通知、通报等。

(2)学校安全管理的组织机构及职责分工。

(3)安全工作责任制，包括责任制的具体方案、年度各类安全工作责任书等。

(4)安全工作计划，包括年度、学期、月、周计划等。

(5)安全工作会议记录。

(6)各类安全管理制度，包括门卫制度、晨检制度、消防管理制度、食品安全管理制度等。

(7)开展安全教育、演练活动的文件、资料、图片。

(8)安全检查记录，包括校园重点部位日检查记录、周检查记录、月检查记录，上面有记录人、检查人、责任人的签字。

(9)安全隐患排查、整改记录，要求对排查时间、排查鉴定单位、具体的隐患点、整改责任人、整改时间、隐患整改情况等作出详细记录，记录人、排查鉴定人、整改责任人都要签字。

(10)各类应急预案。

(11)安全事故记录和报告资料，安全事故调查、处理、总结材料。

(12)安全工作宣传、教育、培训记录。

(13)安全工作报表。

(14)安全工作总结。

(15)安全工作考核记录。

(16)安全经费投入情况。

(17)校园平面图，包括物防、技防部位示意图等。

上述内容也可以分别建立台账，如安全法规文件台账、安全工作责任制台账、安全工作会议台账、安全教育台账、安全检查台账、安全隐患排查台账和安全隐患整改台账等。

学校的安全工作千头万绪，如何理出一个头绪，让各项安全工作有条不紊地开展下去？安全工作台账的建立和管理至关重要。各学校应当指定专人(如安全管理员)负责安全工作台账的记录、收集和整理工作，并对各类台账的内容进行分类归档、妥善保管。教职工对这一工作应当予以支持和配合，按照要求及时将相关资料交给安全工作台账管理人员。校长或主管副校长应当定期检查安全工作台账的建设和管理情况，利用安全工作台账来监督、落实、推进学校的各项安全工作，不断提高学校的安全管理水平。

思考与应用

1. 学前教育机构应当从哪些方面着手构建校园安全工作体系？
2. 学前教育机构安全工作的第一责任人是谁？
3. 什么是技防？技防的作用是什么？
4. 学前教育机构应当建立哪些方面的安全管理制度？
5. 应急预案的作用是什么？一份科学的应急预案应当包括哪些内容？
6. 对于教育设施安全检查过程中发现的隐患，应当怎么处理？
7. 什么是安全工作台账？
8. 活动设计：请围绕某个主题，为学前幼儿设计一节安全教育课。

学习主题二
学前教育机构的食品安全管理

学习笔记

情境导入

幼儿园食物中毒事件

据报道，某市某幼儿园768名儿童在园内就餐，食谱为蒸面条、稀饭，加餐为某品牌袋装酸奶。14:40，3名幼儿先后出现发热、呕吐、腹泻等症状，教师当即通知家长带孩子去医院检查。15:15，保健医生又发现10名儿童有发热现象，立即报告园领导，园长、副园长和保健医生分头到班中巡察，发现有新增病例，迅速组织患儿到医院就诊，并让各班教师通知患儿家长。17:00以后，学生陆续离开校园。园方获悉幼儿为生物性食物中毒后，通过“校讯通”向家长发布信息。截至6月21日15:00，住院病人21人(市中心医院)，留观病人40人，累计接受咨询就诊706人次。经流行病学调查，专家初步认定有食物中毒症状的214人，无危重病例。事发后，当地政府及有关部门迅速采取有效措施控制了事态。6月28日，某省卫生厅正式对外通报，该幼儿园食物中毒事件是由于幼儿园食物制作室在操作环节被细菌污染而引起，致病菌为福氏志贺氏菌4C型痢疾杆菌。

学前教育机构如何做好食品安全管理工作，预防食品安全事故的发生呢？本主题中我们将学习学前教育机构的食品安全管理知识。

学习笔记

校园食品安全问题直接关系着师生的人身安危，涉及人数众多，社会影响重大。学前教育机构应当本着对幼儿、对社会高度负责的精神，严格按照国家的有关规定建立、健全校园食品卫生安全管理制度，落实岗位责任制，保障在校幼儿的饮食安全。

一、建立食品安全园长负责制，设立食品安全管理员 >>>>>

食品安全事关重大。《学校食品安全与营养健康管理规定》第十二条规定："学校食品安全实行校长(园长)负责制。学校应当将食品安全作为学校安全工作的重要内容，建立健全并落实有关食品安全管理制度和工作要求，定期组织开展食品安全隐患排查。"学前教育机构应当按照国家规定建立园长负责制，由园长作为食品安全工作的总负责人和第一责任人，全面领导园所的食品安全工作。同时，可安排一名副园长级领导负责主抓园所食品安全的管理工作。

按照规定，为了监督、保证校园食品安全各项制度的制定和落实，办有食堂的学校应当设立专职食品安全管理员；未办有食堂的学校，其食品安全管理员可兼职，但不得由加工经营环节的工作人员兼任。食品安全管理员应符合如下条件：具备高中以上学历，有从事食品卫生管理工作的经验，参加过食品卫生管理员培训并经考核合格，身体健康并具有从业人员健康合格证明。食品安全管理员承担本单位日常性食品生产经营活动卫生管理职责，具体职责包括：组织本单位从业人员进行卫生法律和卫生知识培训；制定本单位食品卫生管理制度以及岗位责任制度，并对执行情况进行督促、检查；检查本单位食品生产经营过程的卫生状况并记录，对检查中发现的不符合卫生要求的行为及时制止并提出处理意见等。

根据《学校食品安全与营养健康管理规定》，有《中华人民共和国食品安全法》(简称《食品安全法》)以及本规定的违法情形，学校未履行食品安全管理责任，由县级以上人民政府食品安全管理部门会同教育部门对学校主要负责人进行约谈，由学校主管教育部门视情节对学校直接负责的主管人员和其他直接责任人员给予相应的处分。根据《学校食物中毒事故行政责任追究暂行规定》，未建立学校食品安全校长(园长)负责制或者未设立专职或兼职食品安全管理人员的学校，一旦发生食物中毒事故，应当追究学校有关责任人的行政责任。

二、建立、健全学校食品安全管理规章制度 >>>>>>>>>>

为了保证学校食品卫生安全，学校应当按照国家规定，针对食品生产经营活动的各个环节、各个方面建立相应的规章制度，并建立岗位责任制，将具体职责落实到个人。以学校食堂食品安全管理为例，学校应当建立、落实以下几个方面的规章制度。

(一)原材料采购索证登记制度

学校食堂的采购员应当严格把好食品的采购关，在采购食品时，应当查看经营者的食品卫生许可证、检验(检疫)合格证等证明，不得向非法经营者进行采购，不得采购《中华人民共和国食品卫生法》第九条规定禁止生产经营的食品。采购的场所应相对固定，以保证其质量。采购员还应向经营者索取发票等购货凭据，并

学习笔记

做好采购记录，如实准确记录名称、规格、数量、生产日期或者生产批号、保质期、进货日期以及供货者名称、地址、联系方式等内容，并保留载有上述信息的相关凭证，以便溯源。

《学校食品安全与营养健康管理规定》第三十五条规定："学校食堂禁止采购、使用下列食品、食品添加剂、食品相关产品：(一)超过保质期的食品、食品添加剂；(二)腐败变质、油脂酸败、霉变生虫、污秽不洁、混有异物、掺假掺杂或者感官性状异常的食品、食品添加剂；(三)未按规定进行检疫或者检疫不合格的肉类，或者未经检验或者检验不合格的肉类制品；(四)不符合食品安全标准的食品原料、食品添加剂以及消毒剂、洗涤剂等食品相关产品；(五)法律、法规、规章规定的其他禁止生产经营或者不符合食品安全标准的食品、食品添加剂、食品相关产品。学校食堂在加工前应当检查待加工的食品及原料，发现有前款规定情形的，不得加工或者使用。"

《学校食品安全与营养健康管理规定》第三十四条规定："学校食堂采购食品及原料，应当按照下列要求查验许可相关文件，并留存加盖公章(或者签字)的复印件或者其他凭证：(一)从食品生产者采购食品的，应当查验其食品生产许可证和产品合格证明文件等；(二)从食品经营者(商场、超市、便利店等)采购食品的，应当查验其食品经营许可证等；(三)从食用农产品生产者直接采购的，应当查验并留存其社会信用代码或者身份证复印件；(四)从集中交易市场采购食用农产品的，应当索取并留存由市场开办者或者经营者加盖公章(或者负责人签字)的购货凭证；(五)采购肉类的应当查验肉类产品的检疫合格证明；采购肉类制品的应当查验肉类制品的检验合格证明。"

(二)库房卫生管理制度

学校食堂应当对储存食品的库房加强卫生管理，食品储存应当分类、分架、隔墙、离地存放；要定期检查、及时处理变质或超过保质期限的食品；食品储存场所禁止存放有毒、有害物品以及个人生活物品；用于储存食品的冷藏设备必须贴有标志，生食品、半成品和熟食品应分柜存放。储存散装食品，应当在储存位置标明食品的名称、生产日期或者生产批号、保质期、生产者名称以及联系方式等内容。

(三)粗加工及切配卫生制度

学校食堂从业人员在加工前应认真检查待加工食品，发现有腐烂变质迹象或者其他感官性状异常的，不得加工和使用；各种食品原料在使用前应洗净，动物性食品、植物性食品应分池清洗，水产品宜在专用水池清洗，禽蛋在使用前应对外壳进行清洗，必要时应做消毒处理；切配好的半成品应避免污染，要与原料分开存放，要根据性质分类存放，并在规定时间内使用。

(四)烹调加工卫生制度

学校食堂制作的食品在烹饪后应当尽量当餐用完，需要熟制的食品应当烧熟煮透。需要再次利用的，应当按照相关规范采取热藏或者冷藏方式存放，并在确认没有腐败变质的情况下，对需要加热的食品经高温彻底加热后食用。加工食品必须做到熟透，需要熟制加工的大块食品，其中心温度应不低于 70℃；加工后的

学习笔记

熟制品应当与食品原料或半成品分开存放，半成品应当与食品原料分开存放，防止交叉污染；食品不得接触有毒物、不洁物；不得向学生出售腐烂变质或者其他感官性状异常、可能影响学生健康的食物。

（五）餐具清洗消毒制度

学校食堂应当根据所经营的食品品种、数量、供餐人数，配备相应的设施设备，并配备消毒、更衣、盥洗、采光、照明、通风、防腐、防尘、防鼠、防虫、洗涤以及处理废水、存放垃圾和废弃物的设备或者设施。就餐区或者就餐区附近应当设置供用餐者清洗手部以及餐具、饮具的用水设施。食品加工、储存、陈列、转运等设施设备应当定期维护、清洗、消毒；保温设施及冷藏冷冻设施应当定期清洗、校验。

餐具清洗消毒水池应当专用，要与食品原料、清洁用具以及接触非直接入口食品的工具、容器的清洗水池分开；餐具在清洗、消毒过程中应做到“一洗、二清、三消毒、四保洁”，不得减少任何环节；对餐具宜采用热力方法进行消毒(因材质、大小等原因无法采用的除外)，采用化学消毒的，至少应设有 3 个专用水池；消毒后的餐具应储存于结构密闭并易于清洁的专用保洁柜内备用，以防细菌侵入。

（六）食堂清洁卫生制度

学校食堂应当具有与所经营的食品品种和数量、供餐人数相适应的场所并保持环境整洁，与有毒、有害场所以及其他污染源保持规定的距离。学校食堂每天都应当进行打扫和清洗，必要时应进行消毒，保持内外环境整洁。还应采取有效措施消除老鼠与蟑螂、苍蝇和其他有害昆虫及其滋生条件。

（七）食品留样制度

学校食堂为师生提供的每餐、每样食品都必须由专人负责留样；留样食品应按品种分别盛放于清洗消毒后的密闭专用容器内，并在冷藏条件下存放 48 小时以上；每样食品留样量应不少于 125 克。此外，工作人员还必须做好每餐留样记录，记录留样食品名称、留样量、留样时间、留样人员等，以便溯源。

（八）从业人员健康检查制度及卫生知识培训制度

学校食堂从业人员每年必须进行健康检查，新参加工作和临时参加工作的食品生产经营人员都必须进行健康检查，未取得健康证明的不得上岗；学校食堂从业人员以及集体餐分餐人员在出现咳嗽、腹泻、发热、呕吐等有碍于食品卫生的病症时，应立即脱离工作岗位，待查明病因、排除有碍于食品卫生的病症或治愈后，方可重新上岗；学校食堂从业人员应有良好的个人卫生习惯，加工操作直接入口食品前应当洗手消毒，进入工作岗位前应当穿戴清洁的工作衣帽；学校食堂从业人员不得有在食堂内吸烟等行为；学校要定期组织食堂的管理人员和从业人员参加食品卫生知识、职业道德和法制教育的培训。

案例与思考

某中学发生细菌性食物中毒事件

某日中午，某中学400多名师生在学校食堂就餐。15:30左右，有4名学生出现腹泻、腹痛、恶心、呕吐、发热等症状，学校当即将学生送往医院救治，随后又有63名师生先后就诊。经医院专家组对发病学生临床症状分析和卫生局流行病学调查与实验室检验结果证实，该事故是一起学生食用被副溶血性弧菌污染的食物所引起的细菌性食物中毒事件。经区教委调查，该校食堂管理存在如下问题：一是对食品用具、容器、公用餐具消毒落实不够，事发当期未做消毒记录，学生中毒事件发生后，食堂负责人和餐具消毒责任人一起补写了消毒记录。二是食品留样责任人在5月21日中午分菜时忘了留凉粉的样。三是食堂从业人员中有3人的健康合格证已于2008年11月到期而未体检。四是食堂从业人员未按要求对生、熟食品进行分装，管理有疏漏，督查不够严格。事后，区教委对有关责任人员给予了相应的处理。

●讨论与思考：学校食堂应当怎样防范食物中毒事件的发生？

学习笔记

三、建立食堂安全保卫制度 >>>>>>>>>>>>>>>>>>>>>>>>>>

学校应当对食堂采取严格的安全保卫措施，还应管理好学生就餐场所，杜绝无关人员接触学生食品，防止投毒事件的发生。为此，学校应当采取的防范措施包括：严禁非食堂工作人员随意进入食堂的食品加工操作间和食品原料存放间；食堂各个功能间的安全应当由专人负责，下班时应当锁好食堂门；食堂钥匙不得转交给非工作人员，如需维修等，必须报学校总务处批准并由专人在现场监管；食堂工作人员上班时应检查食堂门锁是否有撬过的痕迹、食堂内水池和调味罐等是否有异味，发现异常应立即向领导汇报；每日饭菜、开水做好后，最好先由专人试尝、试喝，确保安全后再向师生提供。此外，学校还应尽可能在食堂门口安装监控设备，对食堂的安全加强监控。

案例与思考

家长向幼儿园粥桶内投放“毒鼠强”，致36名幼儿中毒

据《南方都市报》报道，某中级人民法院审理查明，被告人方某因其子在某市某幼儿园被同学打伤，便认为幼儿园老师没照顾好其子，而对该幼儿园怀恨在心。12月6日早上，方某送其子到幼儿园课堂，见课堂没人，即从身上拿出粉状老鼠药“毒鼠强”放入课堂的粥桶内，之后谎称其子有病，向老师请假后携子离开幼儿园。老师准备为幼儿分粥时，见粥的表面有白色粉末，便将粉末舀出倒掉，再将粥分给幼儿进食。不久，班上幼儿陆续出现呕吐、腹痛、抽搐等症状，共有36名幼儿中毒入院，其中重伤3人，轻伤2人，轻微伤29人。次年11月5日，某市中级人民法院依法判处被告人方某死刑，剥夺政治权利终身。

●讨论与思考：该幼儿园在食品安全管理方面存在哪些漏洞？如何避免此类事件的发生？

学习笔记

四、加强对饮用水的卫生管理 >>>>>>>>>>>>>>>>>>>>>>>>

学校应当按照《学校卫生工作条例》以及《国家学校体育卫生条件试行基本标准》的要求，为学生提供充足、取用方便、符合卫生标准的饮用水。使用桶装饮用水的，应当购买正规厂家生产的各种证件齐全的产品，饮水机要定期聘请专业人员进行清洗、消毒。通过自备水源、二次供水设施向学生提供生活饮用水的，应当事先经当地卫生部门进行水源、水质检测合格后，方可供学生使用。自备水源必须远离污染源；采用二次供水的，应当在取得有效的二次供水卫生许可证后方可向学生供水。供学校生活用水的自备井、二次供水的储水池(罐)要有安全防护和消毒设施，要在卫生部门的指导下对其做好清洁、消毒工作。学校应通过加强对生活饮用水水源的管理，防止饮用水污染事故和水源性传染病的发生。

五、制定食物中毒应急处理预案，妥善处理食物中毒事件 >>

为了增强学校处置突发性师生集体食物中毒事件的应急能力，最大限度地保护师生的生命健康，学校应当根据国家的有关规定并结合本校的实际情况，制定食物中毒应急处理预案。

一般而言，判断食物中毒的主要标准包括：在短期内出现大量症状相同的病人；中毒病人在相近的时间内均食用过某种共同的中毒食品，未食用者不发病，发病者均是食用者；停止供应和食用这些食品后，不再出现新的病例。

发生食物中毒事件后，学校应当立即启动应急预案，采取如下应急措施：

(1)停止供餐。一旦有学生出现食物中毒症状或食源性疾病症状，学校应立即停止向学生供餐。

(2)迅速上报。发生食物中毒事件后，学校应当在第一时间报告上级教育行政部门，并向卫生行政部门报告。

(3)组织救助。发现师生出现食物中毒症状或食源性疾病症状后，学校应当立即将受害者送往医疗机构救治，协助、配合医疗机构开展救治工作。

(4)通知家长。学校应让家长及时了解孩子的病情，让其尽快到医院陪护、照顾孩子。

(5)保留证据、维护现场。学校要保留可疑食品及其原料、工具、设备，维护好现场，绝不能故意清理现场、销毁证据。

(6)配合调查。食物中毒事件发生后，学校应积极配合上级部门以及卫生行政部门进行事件调查，按其要求提供有关材料和样品，如实回答相关询问。

(7)控制事态。学校应积极落实上级部门以及卫生行政部门要求采取的相关措施，把事态控制在最小范围内。

(8)后续整改。事发后，学校应当总结教训，并根据卫生行政部门或教育行政部门提出的整改意见按时进行整改，避免再次发生食物中毒事件。

思考与应用

1. 简述学校食品安全管理员的职责。
2. 学校食堂应当建立、健全哪些方面的安全管理制度？
3. 学校食品采购应当注意哪些问题？
4. 食品留样有哪些要求？
5. 学校食堂怎样防范投毒事件的发生？
6. 如何初步判断是否发生集体食物中毒事件？
7. 活动设计：在条件具备的情况下，与学校有关部门配合，开展一次集体食物中毒事件的应急演练。

学习主题三
学前教育机构的卫生保健和传染病防治工作

学习笔记

情境导入

幼儿园发生群体性传染病

据《楚天金报》报道，乐某在未获得办学许可证的情况下，租赁场地开办幼儿园，并设有小班、中班、大班、学前班、一年级、二年级，共招收幼儿212名，成为某镇规模最大的一所私立幼儿园。然而，该幼儿园的园舍环境长期存在脏、乱、差等问题，教室和寝室紧邻猪圈和鸡舍，为该园提供早、午两餐的厨房距离简易厕所不足10米，不符合国家卫生标准。10月16日，该幼儿园发生群体性传染病，84名在该园入学的幼儿相继感染细菌性痢疾，引起强烈的社会反响。

学前教育机构如何做好卫生保健和传染病防治工作，预防各种公共卫生事件的发生呢？本主题中我们将学习学前教育机构的卫生保健和传染病防治工作知识。

学前教育机构的卫生保健和传染病防治工作直接关系到在园幼儿的身体健康和生命安全，其重要性不言而喻。各幼儿园、托育机构应当按照国家规定，建立、健全卫生保健和传染病防治的管理制度，保护在园幼儿的身心健康，预防并正确处置公共卫生事件。

学习笔记

一、设立卫生室或保健室，配备卫生专业技术人员或保健教师 >>>>>>>>>>>>>>>>>>>>>>>>>>>>>>>>>>>>>

按照《中小学幼儿园安全管理办法》和《国家学校体育卫生条件试行基本标准》的规定，寄宿制学校必须设立卫生室，非寄宿制学校可视学校规模设立卫生室或保健室。① 寄宿制学校或 600 名学生以上的非寄宿制学校应配备卫生专业技术人员，卫生专业技术人员应持有卫生专业执业资格证书。600 名学生以下的非寄宿制学校应配备卫生专业技术人员或保健教师，其中保健教师由具有教师资格的现任教师担任。卫生专业技术人员或保健教师应当接受学校卫生专业知识和急救技能培训，并取得相应的合格证书。卫生室或保健室应当配备基本的设备以及可以处理一般伤病事故的医疗用品。

卫生室承担学校预防保健、健康教育、常见病和传染病的预防与控制以及学校卫生日常检查工作，并为师生提供必要的医疗服务；保健室则在卫生专业技术人员的指导下开展学校预防保健、健康教育、常见病和传染病的预防与控制以及学校卫生日常检查工作。因条件有限，尚无法设立卫生室或保健室的农村偏远学校，应尽可能取得乡镇卫生院或者其他医疗机构的支持，由后者定期(如每周)派遣卫生专业技术人员到学校为师生开展相应的卫生保健工作。

二、开展儿童常见病的群体预防和矫治工作 >>>>>>>>>>

学校应当按照国家规定，积极做好近视、弱视、沙眼、龋齿、寄生虫、营养不良、贫血、脊柱弯曲以及神经衰弱等儿童常见疾病的群体预防和矫治工作，特别是对儿童发病率较高的传统“六病”(即近视、沙眼、龋齿、蛔虫、营养不良、贫血)以及肥胖、高血压、情绪行为障碍等疾病要加强防治，以促进儿童的健康成长。学校还应当按照卫生管理部门的要求，结合本校的实际情况，做好地方病的预防与控制管理工作。按照规定，在地方病高发地区组织开展儿童群体性防治工作，除需经专家论证外，还必须经省级卫生行政部门和同级教育行政部门商议后制定详细的防治方案，并报经同级人民政府批准后方可实施。

在组织开展儿童常见病、地方病的群体性防治工作的过程中，涉及群体服药的，应当事先取得县级以上卫生行政部门、教育行政部门以及人民政府的批准，还必须坚持儿童和家长自愿参加的原则，同时必须有卫生专业技术人员进行现场指导，并密切关注儿童有无不良反应或副作用产生。群体性防治的药品必须经药品监督管理部门进行严格审查和批准，并向当地证照俱全的正规医药生产、经营企业购买。任何单位和个人不得擅自或越权在学校开展预防性群体服药工作。

三、开展传染病的预防和控制管理工作 >>>>>>>>>>>>>>>

传染病是指由病原体(如细菌、病毒、寄生虫等)引起的，能在人与人之间或者人与动物之间传播的疾病。在我国，《中华人民共和国传染病防治法》(简称《传染病防治法》)将全国发病率较高、流行面较大、危害严重的数十种急性和慢性传

① 卫生室是指取得医疗机构执业许可证的学校卫生机构，保健室是指未取得医疗机构执业许可证的学校卫生机构。

染病列为法定管理的传染病，并根据其传播方式、速度及对人类危害程度的不同分为甲、乙、丙三类，实行分类管理。其中，甲类传染病包括鼠疫和霍乱，乙类传染病包括传染性非典型肺炎、艾滋病、病毒性肝炎、脊髓灰质炎、人感染高致病性禽流感、麻疹、流行性出血热、狂犬病和流行性乙型脑炎等二十几种，丙类传染病包括流行性感冒、流行性腮腺炎、风疹、急性出血性结膜炎、麻风病和手足口病等十几种。2020 年 10 月 2 日，国家卫生健康委发布的《中华人民共和国传染病防治法(修订草案征求意见稿)》将"新型冠状病毒肺炎"列入了乙类传染病。草案还指出，新型冠状病毒肺炎、传染性非典型肺炎和炭疽中的肺炭疽虽然属于乙类传染病，但按甲类传染病管理。

婴幼儿是多种传染病的易感人群，而幼儿园、托育机构又是人员流动频繁的公共场所，因而很容易成为传染病的集散地。传染病一旦在幼儿园、托育机构暴发和流行，有可能会迅速波及社会，造成严重的突发公共卫生事件，危害极大。婴幼儿常见的传染病主要有两类：一类是呼吸道传染病，包括流感(含甲型 H1N1 流感)、腮腺炎、水痘、麻疹、风疹、肺结核等，多发于冬春季节；另一类是肠道传染病，包括痢疾、伤寒和副伤寒、甲肝、手足口病等，多发于夏秋季节。

传染病在人群中传播，必须同时具备三个基本条件：传染源、传播途径和易感人群。其中，传染源是指病原体在体内生长繁殖并将其排出体外的人和动物；传播途径是指有病原体由传染源传播给他人所经过的途径；易感人群是指对某种传染病缺乏免疫力而容易感染该病的人群。缺少其中任何一个基本条件，传染病都流行不起来。根据这一特点，控制传染病的主要措施应当包括以下三种：管理和控制传染源，切断传播途径，保护易感人群。学前教育机构在传染病的预防和控制管理工作上，应当有针对性地采取措施。

(一)平时的预防

1. 指派专人负责传染病防控工作

学前教育机构要把传染病防治纳入校园安全管理工作之中，成立传染病防控领导小组，指派专人(如校医、保健教师)负责具体开展学校传染病防控工作，建立、健全相关制度。

2. 积极开展爱国卫生运动

学前教育机构要保持校园环境的卫生、整洁，定期对校园环境、设施、设备进行消毒，并建立、健全校园食品和饮用水的卫生安全管理制度，消除传染病发生和流行的条件。

3. 落实晨检制度和因病缺勤病因追查与登记制度

幼儿园、托育机构教师每天要统计幼儿的缺勤情况，了解缺勤的原因，发现幼儿请病假的，要追查病因，并做好登记和上报工作。在传染病高发季节，园所要建立晨检制度，一旦发现传染病病例或疑似病例，应当立即向教育行政部门和卫生行政部门报告，组织幼儿及时就医，并做好隔离和消毒工作，防止疫情扩散。

4. 开展预防接种活动

疫苗接种是控制传染病暴发的最有效的手段之一，幼儿园、托育机构要按照《传染病防治法》《疫苗流通和预防接种管理条例》《托儿所幼儿园卫生保健管理办法》的规定，协助防疫部门做好幼儿的预防接种工作，严格查验儿童预防接种证。

学习笔记

对未完成国家规定疫苗接种的幼儿，要督促其到接种单位预防完成接种。

5. 加强健康检查

婴幼儿入园、入托前必须在指定的医疗卫生机构进行全面的健康检查，检查合格者方可入园、入托。患有传染性疾病或者有急性传染病接触史者应暂缓入园、入托。离校3个月以上的幼儿，需重新体检且结果合格后方可回校。幼儿园、托育机构教职工上岗前必须取得健康合格证，且每年应当进行一次健康检查。在岗人员患有传染性疾病的，应当立即离岗治疗，治愈后方可上岗工作。精神病患者、有精神病史者不得在幼儿园、托育机构工作。

6. 对幼儿及其家长开展传染病防治的宣传教育工作

幼儿园、托育机构要利用活动课、讲座、板报、广播、告家长书、健康教育课等多种渠道，向幼儿及其家长宣传常见传染病的危害及防治知识，提高幼儿的卫生防病意识和自我保护能力。

（二）出现疫情时的防疫措施

一旦校园出现传染病疫情，学前教育机构应当立即实施控制传染病的以下三种主要措施。

1. 管理和控制传染源

发现师生中出现传染病病例或疑似病例后，学前教育机构要立即将患者隔离，按各种传染病的隔离期限责成患者住院或居家进行隔离治疗，同时在第一时间上报教育行政部门和卫生行政部门，做到早发现、早报告、早隔离、早治疗。园所还应对患者接触过的人员(包括幼儿、老师)进行随访，并配合当地政府和卫生行政部门采取必要的隔离观察措施。患传染病幼儿病愈后，须持医院出具的无传染性的证明以及有关化验单，经园所确认后方可复课。

2. 切断传播途径

当疫情发生后，学前教育机构要组织专人对校园环境、相关设施以及空气进行消毒，并做好教室、宿舍、实验室、图书馆、食堂和厕所等人员密集场所的开窗通风工作，保持室内空气流通。此外，还应暂停组织室内场所的大型集体活动(主要针对呼吸道传染病)，控制或切断可疑水源(主要针对肠道传染病)。

3. 保护易感人群

当有疫情发生时，易感人群、密切接触者可在疾病预防控制机构的指导下服药或接种疫苗，以提高免疫力。此外，通过加强体育锻炼、保证充足的睡眠，也可以增强自身的抵抗力。

四、依法管理预防接种活动，做好预防接种证查验工作 >>

（一）依法管理学校群体性预防接种活动

预防接种是预防相应传染病最有效的方法之一，流行性腮腺炎、水痘、流行性脑脊髓膜炎、流行性感冒、麻疹、风疹、甲肝等许多传染病都可以通过注射疫苗进行控制。需要对学校人群实施群体性预防接种的，必须按照《疫苗流通和预防接种管理条例》的要求，由县级以上地方人民政府卫生主管部门报经本级人民政府决定，并向省、自治区、直辖市人民政府卫生主管部门备案。任何单位和个人不

学习笔记

得擅自组织学校人群进行群体性预防接种。

（二）加强对入园、入托儿童的预防接种证查验工作

幼儿园、托育机构应当按照《疫苗流通和预防接种管理条例》和《关于做好入托、入学儿童预防接种证查验工作的通知》的要求，将查验预防接种证纳入儿童入园、入托的报名程序，在“报名须知”中明确告知儿童的家长关于查验预防接种证的要求和国家免疫规划要求接种的疫苗种类，并要求未按国家免疫规划接种疫苗的儿童，在入园、入托前到居住地的接种单位补种。

五、建立突发公共卫生事件应急处理机制 >>>>>>>>>>>>>>

按照《突发公共卫生事件应急条例》的规定，突发公共卫生事件是指突然发生，造成或者可能造成社会公众健康严重损害的重大传染病疫情、群体性不明原因疾病、重大食物和职业中毒以及其他严重影响公众健康的事件。实践中，幼儿园、托育机构常见的突发公共卫生事件主要包括：重大食物中毒，传染病暴发流行，群体性预防接种和集体服药异常反应，不明原因引起的群体性异常反应，幼儿集体癔症等。

为了有效预防、及时控制和妥善处理学前教育机构突发公共卫生事件，提高快速反应和应急处置能力，将各类突发公共卫生事件对园所师生员工造成的危害降到最低程度，维护正常的教育教学和生活秩序，维护社会的和谐与稳定，各幼儿园、托育机构应当按照规定制定本园所的突发公共卫生事件应急预案，建立本园所的突发公共卫生事件应急处理机制。

（一）应急处置工作领导机构的设立及职责

幼儿园、托育机构应当成立由主要领导负责的突发公共卫生事件应急处置领导小组，其职责主要包括：制定本园所的突发公共卫生事件应急预案；建立、健全应对突发公共卫生事件的工作责任制度，将责任分解到部门、落实到人；明确并落实突发公共卫生事件的信息报告人；具体实施对突发公共卫生事件的应对与处置工作；及时向上级教育及卫生等有关部门报告本园所的突发公共卫生事件的进展与处置情况等。

（二）应急保障

应急保障具体包括：(1)信息保障。幼儿园、托育机构要建立健全并落实突发公共卫生事件信息收集、传递、报送、处理等各环节运行机制。(2)物资保障。园所应配备处置突发公共卫生事件的设施设备(如传染病隔离场所、紫外线灯等)，储备消毒药品。(3)资金保障。园所应安排必备的应急资金，保证突发公共卫生事件应急处置所需。(4)人员保障。园所应加强卫生队伍建设，安排人员定期参加突发公共卫生事件防控的专业知识培训。(5)演练保障。园所应配合卫生行政部门组织开展应急演练。

（三）预防预警

幼儿园、托育机构应当通过建立、健全校园日常环境卫生、食品及饮用水卫生安全管理制度并落实婴幼儿定期健康体检制度、晨午检制度、因病缺课登记追踪制度和儿童入园、入托查验预防接种证制度，预防突发公共卫生事件的发生。

学习笔记

同时，园所应建立与卫生行政部门的信息联动机制，及时收集所在地区突发公共卫生事件发生信息，对各类可能引发园所突发公共卫生事件(传染病、食物中毒等)的情况及时进行分析并发出预警。

（四）信息报告

发生突发公共卫生事件后，幼儿园、托育机构应在第一时间(2小时内)向当地教育行政部门和卫生行政部门报告，不得延报。报告信息内容要客观翔实，不得主观臆断，不得漏报、瞒报、谎报；发生Ⅰ级(特大)事件，可直接报教育部；事件情况发生变化后，应及时续报。信息报告又分为初次报告、进程报告和结案报告，不同阶段须遵循不同的要求。

（五）应急处置措施

一般突发公共卫生事件发生后，现场的教职员工应立即将相关情况通知园所突发公共卫生事件责任报告人及园所领导。园所领导接到报告后，必须立即赶赴现场组织实施应急措施。根据突发公共卫生事件的不同类型，对食物中毒、传染病、预防接种(或服药)造成的不良反应或心因性反应以及其他突发公共卫生事件，应当采取不同的应急措施。其中，隔离、停课及复学措施的施行必须遵循国家的相关规定及当地卫生行政部门和教育行政部门的相关要求。

（六）善后与恢复工作

突发公共卫生事件应急处置完成后，工作重点应马上转向善后与恢复，争取在最短时间内恢复园所正常秩序。园所应当认真做好或积极协调有关部门做好受到突发公共卫生事件损害的相关人员的善后工作，并配合卫生行政部门、教育行政部门进行事件调查，根据调查结果追究相关责任人的责任。此外，对突发公共卫生事件反映出的相关问题和存在的卫生隐患，园所应认真依照有关部门提出的整改意见进行整改。

思考与应用

1. 在组织开展儿童常见病、地方病的群体性防治工作的过程中，涉及群体服药的，应遵循哪些要求？
2. 简述我国法定管理的传染病的分类。
3. 传染病在人群中传播的三个基本条件是什么？
4. 为预防传染病，学前教育机构平时应当采取哪些措施？
5. 一旦出现传染病，学前教育机构应当采取哪些疫情控制措施？
6. 学前教育机构如何做好入园、入托儿童的预防接种证查验工作？
7. 什么叫突发公共卫生事件？
8. 活动设计：请为你所在的学校制定一份突发公共卫生事件应急预案，并在班里展开讨论。

学习主题四
学前教育机构的消防安全管理

学习笔记

情境导入

幼儿园发生火灾事故

据《法制日报》报道，某幼儿园小六班急需一名保育员，经园长刘某同意，从 2001 年 2 月 12 日起，无上岗证、未受幼儿保育职业培训的吴某开始担任小六班保育员。2001 年 6 月 4 日 21 时许，担任小六班班主任的杨某下班前在小六班寝室里点燃了蚊香用于驱蚊。临走时，杨某将点蚊香之事告诉了当晚值班的吴某。23 时许，担任当天总值班的幼儿园保教主任倪某到小六班巡查，发现小六班寝室点有蚊香，遂就蚊香是否会影响幼儿的健康进行了询问，但未对放置在过道上的蚊香作出处理。之后，吴某单独值班至 23 时 30 分许，后离开了寝室，45 分钟内未到寝室查看。在此期间，蚊香将搭落在床沿的棉被引燃，火势向四周蔓延，引发火灾，致使小六班寝室内寄宿的 17 名幼儿中有 13 名在火灾中死亡。2002 年 9 月，南昌市中级人民法院对该火灾事故中的责任人作出了终审判决，以失火罪分别判处杨某、吴某有期徒刑 3 年和 5 年；以国有企业、事业单位人员失职罪判处倪某有期徒刑 3 年，判处刘某有期徒刑 3 年，缓刑 3 年。

学前教育机构如何做好消防安全管理工作，预防火灾事故的发生呢？本主题中我们将学习学前教育机构的消防安全管理知识。

幼儿园、托育机构都属于消防意义上的人员密集场所，加之幼儿在紧急情况下的应变和逃生能力有限，因而园所一旦发生火灾，很容易酿成群死群伤事件，给师生的生命和财产安全造成重大损失。鉴于此，学前教育机构应当严格按照国家的有关规定，建立、健全校园消防安全管理制度，预防校园火灾的发生。

一、校园整体消防安全布局和内部消防安全设计应当符合国家规定 >>>>>>>>>>>>>>>>>>>>>>>>>>>>>>>>>>>>>>>

一些幼儿园、托育机构的建筑物在新建、改建、扩建过程中未严格遵守消防法规和消防技术规范标准，在消防安全布局上考虑较少，存在着先天性的火灾隐患。例如，个别园所的建筑物耐火等级较低，建筑构件、建筑材料和室内装修、装饰材料的耐火性能较差，消防通道不畅，防火间距不足，防火分隔设施欠缺。又如，由于相关人员的法律意识和消防安全意识不强，一些园所的建筑物在施工前未将消防设计文件报送公安消防机构审核，在工程竣工后又未经公安消防机构验收或者在验收不合格的情况下即投入使用，从而留下了较大的安全隐患。

园所的消防基础设施条件一旦定型，日后再进行整改往往有一定的难度，付

学习笔记

出的代价也将更大。鉴于此，在校园建筑、场地的新建、改建、扩建过程中，一方面，建设、设计、施工、监理单位均应严格遵守《建筑设计防火规范》和《高层民用建筑设计防火规范》的规定，使园所的整体消防安全布局、建筑物内部消防安全设计符合前述两个文件的要求，保证建筑物耐火等级、疏散楼梯、安全出口、防火分区、防火间距、防火门、消防车道、消防给水以及灭火设施等各方面的消防设计都符合相关指标规定。另一方面，建设单位应当遵守《中华人民共和国消防法》中关于消防设计审批以及工程竣工后消防验收的规定，建设工程的消防设计未经公安消防机构审核或审核不合格的，不得施工；建设工程竣工后未经公安消防机构消防验收或者消防验收不合格的，不得投入使用。把好消防安全的源头关，等于为园所的消防安全工作打下了一个良好的基础。

二、保障疏散通道、安全出口畅通 >>>>>>>>>>>>>>>>>>>>>>

一些幼儿园、托育机构的多层教学楼、宿舍楼只有一个疏散通道，在通行高峰期很容易产生拥挤，也不利于紧急情况下的快速、安全疏散。一些园所出于防盗或幼儿人身安全方面的考虑，平时往往将建筑物的安全出口封闭或上锁，或者给教室、宿舍安装防盗门、防护栏。一旦发生火灾，此类场所有可能成为“铁笼子”，不利于师生的逃生。

火灾发生之时，疏散通道、安全出口如同被困人员的“生命通道”，其重要性不言而喻。一切可能影响火灾时人员疏散、逃生的障碍，园所都应当坚决予以排除。为此，园所或其举办者应当保证多层教学楼、宿舍楼至少有两个楼梯，楼道和楼梯不得被占用或堆放杂物，以免影响通行。教室以及居住人数较多的幼儿宿舍应当有两个门，不得设置门槛或其他障碍物，且门在幼儿上课或者住宿、休息期间应当处于可以开启的状态。楼房的安全出口不得封闭或上锁，应随时处于开启或可以开启状态，且不得设置门槛、台阶。疏散通道应当安装应急照明灯，当发生火灾时，在正常照明电源被切断的情况下，应急照明灯应当能够自动切换到使用状态。在门、疏散通道和安全出口的正上方，应当安装、悬挂安全疏散指示标志。此外，教室、宿舍的窗户上不应当安装可能阻碍火灾时逃生的防护栏和防护网。

案例与思考

艺苑歌舞厅特大火灾事故

1994年11月27日13时28分，艺苑歌舞厅发生特大火灾，造成233人死亡，20人受伤。该歌舞厅有南门、北门两个出入口，如果都打开，正常通过，所有人员2分钟就可以全部疏散出去。但事发当时只有此门打开，且北门只有0.8米宽，还有5级台阶，火灾发生后人多慌乱，互相拥挤，死死卡住出口。而南门虽有1.8米宽，可着火前此门拴上了锁，后来老板娘逃跑时虽然打开，但为时已晚，仅从此门逃生6人。

●讨论与思考：园所的疏散通道、安全出口平时应当怎么管理？

学习笔记

三、配备必要的消防设施、器材，加强维护保养 >>>>>>>

一些幼儿园、托育机构的负责人消防安全意识不强，在消防投入上能省则省，导致园所基本的消防设施、器材配备不足，不能满足灭火及安全疏散的要求。例如，在一些园所的教学楼、宿舍楼里经常可以看到下列现象：完全见不到灭火器，或者虽然配备有灭火器，但数量不足或者型号不符合该场所的灭火要求(每种类型的灭火器只适用于某类火灾的扑救)；没有配备室内消火栓，或者虽有配备，但水压不足或者根本出不了水，一旦发生火灾，无法接上水龙带取水灭火；消火栓、灭火器等消防设施、器材由于缺乏维修保养，损坏严重或过期失效，不能发挥正常作用；在楼道、楼梯处未设立醒目的安全疏散指示标志，未配备应急照明灯等。

当火灾发生时，在专业消防队员来施救之前，消防设施、器材是人们灭火、自护和逃生的“武器”，对人们及时发现火情、初期灭火、预防中毒、安全疏散和紧急逃生起着至关重要的作用。幼儿园、托育机构应当根据本园所消防安全的需要，配齐必要的消防设施、器材。更为重要的是，园所平时应当加强对消防设施、器材的管理、维护和保养工作，定期安排专门人员对其进行检查，发现损坏或过期的，应当及时维修或更换，保证其处于正常效用状态，并防止任何单位、个人损坏、挪用或者擅自拆除、停用消防设施、器材。

四、加强对用火、用电及易燃易爆危险品的安全管理 >>

校园火灾主要是由不安全的用火、用电行为引起的。在用火方面，一些园所的工作人员在伙房、配电室、实验室、幼儿活动室甚至宿舍违规用火，产生了极大的安全隐患。在用电方面，一些园所的电气线路严重老化，长期缺乏维修和更新；一些工作人员违规在园所内使用“热得快”、电吹风、电热毯、电暖器、电饭锅、电磁炉等大功率电器或者劣质电器，导致电路超负荷工作，或者在园所内乱拉私接电线，损伤电路的绝缘层，或者在离开房屋时未及时关闭电器、切断电源。此类具有危险性的用火、用电行为很容易引发火灾事故。

鉴于此，幼儿园、托育机构应当加强对园所内用火、用电行为的管理，建立相应的安全制度，从火灾诱因管理上杜绝相关安全隐患的产生。在用火方面，园所应当严格遵守有关规定，加强对工程用火、食堂用火、实验室用火以及宿舍用火的安全管理，并制止幼儿携带火源、易燃易爆物品入园，特别是要严防火源、易燃易爆物品进入幼儿活动室和卧室。在用电方面，园所应当定期对电源线路进行安全检查，对陈旧老化的线路要及时进行整改、更新和升级，保证其能够满足园所的正常教学、生活需要。此外，园所还应当经常性地对师生开展安全用电知识教育。对教学用的易燃易爆物品，园所应当按照规定建立消防安全管理制度，对其购买、保管、使用、登记、注销等环节实行严格的消防安全管理，防止因保管或使用不当而发生火灾或爆炸事故。

学习笔记

五、落实消防安全责任制，建立学校消防安全常规制度 >>

根据《机关、团体、企业、事业单位消防安全管理规定》，幼儿园、托育机构的法定代表人是本单位的消防安全责任人，对本单位的消防安全工作负全面责任。园所应当根据本单位的实际情况，落实逐级消防安全责任制和岗位消防安全责任制，明确逐级消防安全职责和岗位消防安全职责，确定各级、各岗位的消防安全责任人。消防安全责任人要做到“五知”(知本岗位的火灾危险性、知本岗位的防火措施和制度、知本单位的防火责任人及消防专干或兼干、知火警电话“119”以及知灭火基本方法措施)和“三会”(会报火警、会使用各种灭火器材以及会组织人员疏散)。为了增强消防工作的专业性和实效性，各园所可以根据实际需要确定本单位的消防安全管理人。消防安全管理人对本园所的消防安全责任人负责，实施和组织落实本园所的各项消防安全管理工作。

预防火灾事故的发生，最重要的是园所应当按照国家有关规定并结合本单位的特点，建立、健全园所各项消防安全制度。这些制度包括：消防安全教育、培训，防火巡查、检查，安全疏散设施管理，消防(控制室)值班，消防设施、器材维护管理，火灾隐患整改，用火、用电安全管理，易燃易爆危险物品和场所防火防爆，园所义务消防队的组织、管理，灭火和应急疏散预案演练，燃气和电气设备的检查和管理(包括防雷、防静电)，消防安全工作考评和奖惩，等等。

关于防火巡查、检查制度，园所每季度至少应当进行一次防火检查，还应当根据本单位消防安全需要，组织专人进行日常性的防火巡查，并做好巡查、检查记录。其中，安全巡查的内容应当包括：(1)用火、用电有无违章情况；(2)疏散通道、安全出口是否畅通，安全疏散指示标志、应急照明灯是否完好；(3)消防设施、器材和消防安全标志是否在位、完整；(4)常闭式防火门是否处于关闭状态，防火卷帘下是否堆放物品、影响使用；(5)消防安全重点部位的人员在岗情况；等等。园所作为消防重点单位，应当进行每日防火巡查，还应当加强夜间防火巡查。

六、开展消防安全教育和演练 >>>>>>>>>>>>>>>>>>>>

对师生开展消防安全教育，提高其防火安全意识和逃生自救能力，是学前教育义不容辞的责任。对幼儿开展消防安全教育，还可以实现“教育一个学生，带动一个家庭，影响整个社会”的消防目的。园所消防安全教育的内容应当包括：有关消防法规、消防安全制度和保障消防安全的操作规程；本园所及相关学习、生活场所的火灾危险性和防火措施；有关消防设施的性能、灭火器材的使用方法(针对教职工)；报火警、扑救初起火灾(针对教职工)以及逃生自救的知识和技能；等等。为了增强消防安全教育的实效性，防止“纸上谈兵”，园所应当按照规定定期组织师生进行灭火(针对教职工)及安全疏散方面的演习，让师生切实掌握灭火(针对教职工)及逃生自救的基本技能，从而最大限度地保护自己及他人的人身和财产安全。

案例与思考

7岁女孩智救煤气中毒的父母

2004年11月16日晚，一对夫妻在家中浴室洗澡时不幸双双煤气中毒晕倒在地。危急关头，他们年仅7岁的女儿袁某迅速关上液化气罐阀门，打开门窗，然后跑到室外用父亲的手机拨打110、120，从而赢得了宝贵的抢救时间，将父母从死亡线上拉了回来。袁某因此入选2005年度中央电视台和公安部联合评选的"中国骄傲"人物。记者采访袁某时问她小小年纪为什么能这么做，她的回答是"在幼儿园、学校听老师讲过消防安全方面的知识"。

●讨论与思考：你觉得园所应当向幼儿传授哪些消防安全知识？

思考与应用

1. 在校园建筑、场地的新建、改建、扩建过程中，如何做好整体消防安全布局和内部消防安全设计工作？
2. 怎样保障园所的疏散通道、安全出口符合消防安全要求？
3. 园所应当如何加强用火、用电的安全管理？
4. 消防安全工作中的"五知"和"三会"分别是什么意思？
5. 讨论：谈一谈你所了解的消防设施、器材及其作用。
6. 活动设计：在老师、学校及专业人员的指导和帮助下，以班级、年级或者园所为单位，开展一次火灾逃生疏散演练。

学习主题五
学前教育机构的校车安全管理

学习笔记

情境导入

幼儿园发生校车事故，园长被判刑

据澎湃新闻报道，2014年11月19日上午7时许，某镇未启用的新机场连接路发生一起特大车祸，一辆自卸大货车与一辆小型面包车相撞，事故造成包括11名幼儿在内的12人死亡，3名幼儿受伤。据了解，该面包车为当地某幼儿园所雇佣，不具备校车资格，核载8人，事发时载有15人，非法从事接送幼儿园学生活动已近3年。2015年11月12日，此事故牵涉的货车司机、幼儿园园长等四人涉嫌过失致人死亡一案在某市人民法院开庭审理，法院当庭宣判，以过失致人死亡罪分别判处货车司机戴某、幼儿园园长张某以及校车车主郭某5

学习笔记

年、3 年和 3.5 年有期徒刑。此外，货车车主张某被判处缓刑。

学前教育机构如何做好校车安全管理工作，预防交通安全事故的发生呢？本主题中我们将学习学前教育机构的校车安全管理。

校车的安全问题关系到众多学生、幼儿的人身安危，关系到千万个家庭的切身利益。为了保证学生乘坐校车的安全，2012 年 4 月 5 日，国务院公布了《校车安全管理条例》，正式将校车安全管理问题纳入法制轨道。各幼儿园、托育机构应当严格遵守《校车安全管理条例》的规定，依法建立、健全本园所的校车安全管理制度。

一、校车的资质 >>>>>>>>>>>>>>>>>>>>>>>>>>>>>>>>>>>

校车，是指依照法律规定获得使用许可，用于接送幼儿或者接受义务教育的学生上下学的 7 座以上的载客汽车。《校车安全管理条例》第十四条规定：“使用校车应当依照本条例的规定取得许可。取得校车使用许可应当符合下列条件：(一)车辆符合校车安全国家标准，取得机动车检验合格证明，并已经在公安机关交通管理部门办理注册登记；(二)有取得校车驾驶资格的驾驶人；(三)有包括行驶线路、开行时间和停靠站点的合理可行的校车运行方案；(四)有健全的安全管理制度；(五)已经投保机动车承运人责任保险。”

配备校车的学校或者校车服务提供者应当向法定的部门申请取得校车使用许可，获得使用许可的校车由公安机关交通管理部门发给校车标牌，并配备统一的校车标志灯和停车指示标志。未取得校车使用许可的车辆，不得作为校车用于接送学生上下学。为了保证在使用中的安全，校车还应当每半年进行一次机动车安全技术检验，并按照国家规定做好安全维护工作、建立安全维护档案，保证校车处于良好技术状态。此外，校车应当配备逃生锤、干粉灭火器、急救箱等安全设备，并按规定配备具有行驶记录功能的卫星定位装置。

二、校车驾驶人的资格条件 >>>>>>>>>>>>>>>>>>>>>>>>>>

《校车安全管理条例》第二十三条规定：“校车驾驶人应当依照本条例的规定取得校车驾驶资格。取得校车驾驶资格应当符合下列条件：(一)取得相应准驾车型驾驶证并具有 3 年以上驾驶经历，年龄在 25 周岁以上、不超过 60 周岁；(二)最近连续 3 个记分周期内没有被记满分记录；(三)无致人死亡或者重伤的交通事故责任记录；(四)无饮酒后驾驶或者醉酒驾驶机动车记录，最近 1 年内无驾驶客运车辆超员、超速等严重交通违法行为记录；(五)无犯罪记录；(六)身心健康，无传染性疾病，无癫痫、精神病等可能危及行车安全的疾病病史，无酗酒、吸毒行为记录。”

符合上述条件的机动车驾驶人，按照规定申请取得校车驾驶资格后，方可成为校车驾驶人。配备校车的学校或者校车服务提供者不得让未取得校车驾驶资格的机动车驾驶人驾驶校车。

学习笔记

三、校车的通行安全

校车的通行安全关系到广大师生的生命安危。按照规定，校车驾驶人驾驶校车上道路行驶前，应当对校车的制动、转向、外部照明、轮胎、安全门、座椅、安全带等车况是否符合安全技术要求进行检查，不得驾驶存在安全隐患的校车上道路行驶。校车驾驶人还应当严格按照机动车道路通行规则和驾驶操作规范安全驾驶、文明驾驶。校车不得以任何理由超员，配备校车的学校或者校车服务提供者不得要求校车驾驶人超员、超速驾驶校车。载有学生的校车在高速公路上行驶的最高时速不得超过 80 千米；在其他道路上行驶的最高时速不得超过 60 千米；在急弯、陡坡、窄路、窄桥以及冰雪、泥泞的道路上行驶，或者遇有雾、雨、雪、沙尘、冰雹等低能见度气象条件时，最高时速不得超过 20 千米。校车还应当按照经审核确定的线路行驶，学生上下车时应当在校车停靠站点停靠，未设校车停靠站点的路段可以在公共交通站台停靠。

配备校车的学校或者校车服务提供者应当定期对校车驾驶人进行安全教育，组织校车驾驶人学习道路交通安全法律法规以及安全防范、应急处置和应急救援知识，保证学生乘坐校车的安全。

四、校车的乘车安全

学龄前幼儿大都活泼好动，自制能力较弱，安全意识较差。为此，配备校车的学前教育机构或者校车服务提供者应当建立专人跟车管理制度，在每一辆校车上配备 1～2 名随车照管人员，负责随校车全程照管乘车幼儿。随车照管人员的主要职责为：其一，检查、督促校车驾驶人安全驾驶。应提醒校车驾驶人在开车前注意检查车况，确保车辆处于可正常行驶的安全状态；要按照校车核定的人数运送幼儿，严禁超载；在行驶过程中要严格遵守道路交通规则和驾驶操作规范，特别是严禁超速。其二，维持乘车秩序。在车辆行驶过程中，应提醒乘车幼儿在座位上坐好，不要站立或走动，严禁打闹。对幼儿作出的危险性行为，应及时有效地予以制止。其三，指挥幼儿安全上下车。幼儿上下车时，应站在车门旁指挥幼儿有序上下车，并提醒校车驾驶人要等到幼儿安全上下车后方可启动车辆。在幼儿全部下车之后，还应认真查看车内座位上及座位下是否有人，并清点人数，防止有幼儿因睡着了或俯身捡东西而未能及时下车，进而导致发生意外。

案例与思考

幼儿被遗忘在校车内窒息而死

据《南方日报》报道，7 月 19 日早晨 8:00 左右，年仅 3 岁的廖某乘坐幼儿园的校车到园。8:45 左右，校车到幼儿园正门口停车，但司机黄某和跟车老师李某在幼儿下车后没有认真检查车内情况，且李某没有认真履行幼儿交接登记确认手续，没能将廖某正常交接给其班主任李老师。李老师在没有接到廖某的情况下，也没有给其家长打电话询问相关情况。当日 16:05 左右，李某组织幼儿上车准备回家。当她打开车门时，发现廖某躺卧在车厢离车门大概一步远的地方，已不能动弹。幼儿园教师随即将廖某送往江门市中心医院急救，但医生证实孩子已死亡，后法医初步鉴定其为窒息而死。

●讨论与思考：本起事故中，哪些人存在着失职行为？应当如何保证幼儿乘坐校车的安全？

五、校车乘车申请、安全教育

幼儿乘坐校车，应当由其监护人向园所提出书面申请，经园所审核同意后，监护人应当与园所签订协议，明确双方的安全管理义务和监督权利。

园所和校车服务提供者应当定期对校车驾驶人进行安全教育，组织校车驾驶人学习道路交通安全法律法规以及安全防范、应急处置和应急救援知识。园所还应当对教职工、幼儿及其监护人进行交通安全教育，向幼儿讲解校车安全乘坐知识和校车安全事故应急处理技能，并定期组织校车安全事故应急处理演练。进行前述交通安全教育、培训和演练等，应当有书面记录。

思考与应用

1. 什么叫校车？
2. 校车驾驶人应当符合哪些条件？
3. 简述校车的通行安全有哪些要求。
4. 简述校车的随车照管人员的职责。
5. 活动设计：为学前幼儿设计一节校车安全乘坐教育课。

学习主题六
学前教育机构的安全事故处理

学习笔记

情境导入

幼儿意外身亡，家长索要巨额赔偿

9月15日，2岁的小方经过健康体检后，入托于某幼儿园。入托后，小方一直食欲不佳，还出现过呕吐现象。同年10月18日，小方到幼儿园后不时地啼哭，11:00左右更是哭个不停。12:30后，小方开始出现嗜睡现象(一种病态的、过度的白天睡眠或睡眠发作现象)。13:00左右，教师发现小方出现抽搐、意识不清等症状。13:25左右，幼儿园将小方送往河南大学附属医院救治，但为时已晚，小方被医院诊断为入院前猝死。经权威鉴定中心鉴定，小方系自发性腹腔内出血，未及时送往医院救治、延误诊治而导致失血性休克死亡。事发后，小方的父母以幼儿园未尽管理职责，在小方出现疾病症状时未及时送医，导致小方错过最佳治疗时间为由，要求幼儿园承担赔偿责任。法院经开庭审理，判决幼儿园向小方的父母赔偿死亡赔偿金、丧葬费、鉴定费、差旅费、交通费、尸体存放费及精神损害抚慰金等经济损失共计19万多元。

学前教育机构如何依法妥善处理安全事故，维护幼儿和机构的合法权益呢？本主题中我们将学习学前教育机构的安全事故处理知识。

学习笔记

学前教育机构应当建立、健全各个方面的安全管理制度，预防安全事故的发生。一旦发生安全事故，要依法妥善处理，维护幼儿和园所的合法权益，维护园所的正常教育教学秩序。

一、安全事故发生后的救助、通知义务 >>>>>>>>>>>>>>>

幼儿遭受意外伤害或突发疾病后，园所及其教职工在第一时间内的所作所为不但关系到幼儿的救治效果，也影响到善后事宜的妥善处理。一旦处理不当，有可能耽误幼儿的诊治，激化家园矛盾，甚至严重影响到园所的正常教育教学秩序。

（一）救助义务

根据《学生伤害事故处理办法》的规定，幼儿在园所发生伤害事故后，园所应当立即救助受伤害幼儿，有条件的，应当采取紧急救援等方式救助。园所未根据实际情况及时采取相应措施，导致不良后果加重的，需对加重的后果承担法律责任。

在救助问题上，园所教职工要做到以下两点。

1. 救助要及时，不能拖延

教职工一旦发现幼儿遭受意外伤害或突发疾病，要马上采取相应措施。实践中，对于幼儿的外部伤害，教职工易于辨认；对于幼儿的一些不是外露于身体表面的伤害(如心脏疾病等)，教职工则不易发现。当幼儿反映身体不舒服或者发现幼儿身体出现异常时，教职工应当带幼儿找医务人员进行检查，而不能掉以轻心，疏忽大意有可能导致幼儿错过最佳的救治时机。因园所延误送医而导致幼儿病情加重的，园方需对加重的后果承担法律责任。

2. 救助方式要合理

在某些紧急情况下，往往需要在场人员对患者先行采取急救措施。此时，急救人员所采取的救助方式要符合医学常规，不然很可能会加重患者的病情。实践中，一线教职工并不一定掌握急救常识，因此在救助幼儿时要格外谨慎。一般情况下，教职工应让校医(保健人员)进行简单、必要的紧急处理，再根据校医的意见及时将受伤害幼儿送往正规医院救治。因园所采取的救助方式不合理、不恰当而导致损害后果加重的，园所也需对加重的后果承担法律责任。

（二）通知义务

除了救助义务之外，园所必须履行的另一项义务是及时通知受伤害幼儿的家长，保障其知情权。园所应当在救助的同时立即与家长取得联系，让家长在最短的时间内赶到孩子身旁、安抚孩子情绪、参与救治方案的决策，以保证治疗活动的顺利进行。

需要指出的是，园所对幼儿的救助义务以及对家长的通知义务是不附带任何先决条件的。无论伤害事故本身是否因园所的过错而引起，园所都应当履行救助义务和通知义务。从危机公关的角度来讲，幼儿发生伤害事故后，家长往往会本能地迁怒于园所，而园所的积极救助态度可以在一定程度上缓解家长的对立情绪，从而为事故纠纷的妥善处理创造良好的条件。

案例与思考

幼儿园孩子参加“六一”活动摔伤手臂

据《玉林晚报》报道，市民张女士反映，儿子参加幼儿园“六一”活动意外受伤摔断手臂，园方却没有及时通知家长，事后也未打电话慰问，对此她非常不满。据张女士介绍，她的儿子小豪(化名)今年3岁，在玉林城区一所幼儿园就读。5月30日16：00左右，她接到幼儿园老师的电话，称小豪因早上参加幼儿园庆祝“六一”的活动摔伤了手臂，同时又被其他小朋友压到，但手臂并无大碍。因自己生意太忙，张女士便叫自己的妹妹前去接小豪回家。“当时小豪手臂都伸不直，疼得不让人碰。”张女士说，她妹妹到幼儿园后却发现小豪的伤势并非像老师描述的那样“无大碍”，而是左臂都伸不直。她赶到幼儿园将小豪送到骨科医院检查，医生检查发现小豪左臂骨折。6月2日上午，该幼儿园的园长陈女士就此事称，5月30日早上小豪参加活动化装时从桌子上摔下，当时他没有什么异常反应，直到下午午休起床后，老师才发现小豪的手臂伸不直，她们马上通知了家长，并不是有意隐瞒。

●讨论与思考：该幼儿园在事故处理过程中存在哪些问题？

学习笔记

二、安全事故报告 >>>>>>>>>>>>>>>>>>>>>>>>>>>>>>>>

根据《学生伤害事故处理办法》的规定，发生幼儿伤害事故，情形严重的，园所应当及时向主管教育行政部门及有关部门报告。园所对安全事故的报告及时与否直接关系到上级部门能否及时、准确、全面地掌握事故的相关情况并指导事故的处置工作，关系到与事故对口的有关业务主管部门及其专业人员能否尽早参与事故的处理和防范，也关系到在事故中受到伤害或面临安全危险的师生能否及时获得最大限度的救助和支援。

(一)安全事故报告的原则

1. 迅速原则

发生安全事故之后，园所应当在第一时间向上级教育行政部门报告，并根据事故的类别以及需要向有关部门(如卫生、公安等部门)报告，不得缓(迟)报、瞒报。

2. 准确原则

报告的信息内容要客观、真实，不得主观臆断，不得谎报。

3. 全面原则

报告的信息内容要全面、翔实，不得漏报。

(二)安全事故报告的内容

根据事故及其处理所处阶段的不同，园所安全事故报告一般可分为初次报告、过程报告和结案报告。

初次报告一般应包括如下内容：事故发生单位概况，事故发生的时间、地点以及事故现场情况，事故的简要经过，事故已经造成或者可能造成的伤亡人数(包括下落不明的人数)和初步估计的直接经济损失，已经采取的措施，其他应当报告的情况。

过程报告一般应包括如下内容：事故发展状态，控制情况，伤情变化，事故原因分析，已经采取的和将要采取的处置措施等。

结案报告一般应包括如下内容：事故的原因和详细经过，事故的处理结果，责任追究情况以及整改情况等。

从发生到结案时间较短的安全事故以及轻微的安全事故，上述三次报告可合并，但内容应当完备。

（三）安全事故报告的形式

1. 紧急电话报告

发生安全事故之后，园所可先通过电话、传真等快速通信方式在第一时间向上级部门进行报告，有条件的应当使用保密电话或加密传真。

2. 书面文件报告

进行紧急电话报告之后，园所应当及时利用书面文件形式正式报告上级部门。

3. 其他可利用的信息报送方式

当电话和书面文件报送渠道因灾害受到破坏时，园所应通过所有可能的安全、稳定的通信方式将事故信息及时、完整、准确地报送到上级部门。

学习笔记

三、安全事故赔偿纠纷的处理 >>>>>>>>>>>>>>>>>>>>>>>>

处理幼儿伤害事故赔偿纠纷，需要园所熟悉、掌握国家相关法律规定和政策精神，坚守法律底线，防止无原则、不明事理地“和稀泥”；需要以人为本，关注、理解受伤害幼儿家属的感受和需求，防止态度僵硬、激化矛盾；需要在坚持原则的基础上保持一定的灵活性，维护幼儿和园所的合法权益，让矛盾真正得以化解。

视频：幼儿在园发生事故后怎样判断园方是否应承担法律责任

（一）安全事故的责任判断

处理幼儿伤害事故赔偿纠纷，首先得分清事故的责任问题，正确判断园所在事故中是否有过错、是否应承担法律责任。那么，如何判断园所对已经发生的幼儿伤害事故是否应承担法律责任呢？

首先，《民法典》第一千一百九十九条规定：“无民事行为能力人在幼儿园、学校或者其他教育机构学习、生活期间受到人身损害的，幼儿园、学校或者其他教育机构应当承担侵权责任；但是，能够证明尽到教育、管理职责的，不承担侵权责任。”根据这一规定，发生幼儿伤害事故，先推定园所有过错，需要承担责任。但是，如果园所能够举证证明自身已经尽到了“教育、管理职责”，则不承担责任。

其次，《民法典》第一千二百零一条规定：“无民事行为能力人或者限制民事行为能力人在幼儿园、学校或者其他教育机构学习、生活期间，受到幼儿园、学校或者其他教育机构以外的第三人人身损害的，由第三人承担侵权责任；幼儿园、学校或者其他教育机构未尽到管理职责的，承担相应的补充责任。幼儿园、学校或者其他教育机构承担补充责任后，可以向第三人追偿。”根据这一规定，如果是园所之外的第三人造成的事故，则由肇事者承担责任，但如果在事故发生过程中园所也存在着未尽到管理职责的情形，则园所须承担补充责任。例如，因为园所的门卫制度不健全导致外人轻易混入校园后对幼儿实施伤害的，园所对于受伤害幼儿所遭受的损失应当“承担相应的补充责任”。

学习笔记

在实践中，园所该如何判断自身是否尽到了“教育、管理职责”呢？目前，园所的“教育、管理职责”主要规定于《教育法》《教师法》《未成年人保护法》《中小学幼儿园安全管理办法》《学生伤害事故处理办法》《幼儿园管理条例》《幼儿园工作规程》《幼儿园教育指导纲要(试行)》《托儿所幼儿园卫生保健管理办法》等法律、法规和规章中，其中尤以《中小学幼儿园安全管理办法》的规定最为全面。“教育、管理职责”可以归纳为以下几个方面：(1)保证校园建筑、场地、设施、设备、器材和药品等符合安全标准；(2)建立、健全各个方面的安全管理制度；(3)及时消除校园环境中存在的安全隐患；(4)经常性地对在园幼儿开展安全教育；(5)对在园幼儿的行为加强管理，及时、有效地制止幼儿的危险性行为，及时制止侵犯幼儿合法权益的行为；(6)在幼儿发生意外的情况下及时采取合理措施予以救助；等等。一旦园所未尽到这些“教育、管理职责”，导致在园幼儿受到意外伤害或损害后果加重，即表明园所存在过错，需要承担与其过错相应的法律责任。

案例与思考

幼儿打闹抓伤同伴

据《沈阳日报》报道，邵某与王某均在某幼儿园大班，8 月 10 日 10 时许，在幼儿园教室内，邵某与王某产生矛盾，班主任教育两人不要争吵，但邵某仍被王某挠伤面部(左侧面颊两条斜向平行约 6 厘米长抓痕，唇上一竖向约 1.5 厘米长抓痕)。班主任发现后立即送邵某到医务室做消毒处理，但未通知家长。当天晚上邵某家长接孩子时发现邵某受伤，后邵某住院治疗 7 天。因赔偿问题协商未果，邵某将王某和幼儿园起诉到法院，邵某家长认为：王某虽然是儿童，但故意伤害其他小朋友，应由王某家长承担损害赔偿责任；幼儿园作为教育管理机构，对未成年幼儿负有教育、管理、保护的义务，而其明知两个孩子发生矛盾，却未尽到必要的教育、管理和保护义务，造成邵某的伤害后果，幼儿园与王某应共同承担连带赔偿责任。幼儿园辩称：王某造成邵某损害应由其监护人承担民事赔偿责任，幼儿园不是王某的监护人，不应承担民事赔偿责任。

●讨论与思考：本起事故中，幼儿园是否应承担法律责任？

学习笔记

(二)安全事故赔偿纠纷的处理途径

安全事故赔偿纠纷的处理途径包括协商、调解和诉讼。

1. 协商

协商，是由当事幼儿的家长和学校之间通过商量、谈判的方式来解决纠纷的一种活动。发生幼儿伤害事故后，园所和当事幼儿的家长应当优先选择通过协商的途径解决纠纷。经过协商形成了一致的解决方案的，园所应当与当事幼儿的家长签订书面的事故处理协议书。通过协商的方式来处理事故的善后事宜，可以节约解决纠纷的成本，避免矛盾激化，并使双方免受诉累之苦。

2. 调解

调解，是由中立的第三方通过说服、疏导等方法，促使当事人对事故处理达成一致意见，从而化解矛盾、解决纠纷的一种活动。发生幼儿伤害事故后，如果园所和当事幼儿的家长对事故的责任或赔偿金额问题难以达成一致，或者双方之间缺乏信任、无法有效沟通，未能通过协商解决纠纷，则双方均可提请第三方居中进行调解。在我国，常见的调解包括由人民调解委员会所进行的人民调解和由行政机关所进行的行政调解。如果案件正处于诉讼过程中，还可以由人民法院对当事双方开展诉讼调解。

3. 诉讼

诉讼，是由国家审判机关依照法律规定，在当事人和其他诉讼参与人的参加下，依法解决讼争的专门活动。发生幼儿伤害事故后，当事双方可以通过协商、调解的方式解决纠纷，也可以直接向人民法院提起诉讼，通过这一途径解决纠纷。

案例与思考

幼儿争抢铅笔戳伤同伴眼睛

据龙岩法院网报道，9 月 20 日，某幼儿园正上写字课，5 名幼儿同坐一张桌子。2 位老师一人发作业本，一人发铅笔。铅笔发下来后，小晖与小军兴奋地争抢铅笔。突然，一支铅笔戳进了小晖的左眼。见状，老师李某赶紧将小晖抱到办公室滴眼药水，随后便带小晖回教室看电视。当天中午，小晖告诉老师她的眼睛还是很疼。经园长检查后，小晖随即被送去医院治疗。经诊断，小晖为左眼穿通伤，球类异物。由于伤势严重，次日小晖被转至厦门眼科中心治疗，诊断结论为左眼角巩膜穿通伤，外伤性白内障。后经司法鉴定，小晖的伤情构成了十级伤残。小晖先后三次前往医院治疗，共支出医疗费 2 万余元。事发后，由于就赔偿问题未能达成一致意见，小晖将幼儿园和小军告上了法庭。小晖认为，被告小军将其左眼刺伤，应当承担赔偿责任，但小军无民事行为能力，故应由其监护人承担赔偿责任；被告幼儿园对在校学生未尽到教育、管理、保护义务，应当与小军共同承担赔偿责任。

●讨论与思考：本次事故中，谁应当对小晖的受伤承担法律责任？除了起诉之外，小晖的家长还可以选择哪些途径解决赔偿纠纷？

四、投保校方责任险，转移赔偿风险 >>>>>>>>>>>>>>>>>>

学习笔记

校方责任险是为解决学校的对外赔偿难题而设立的一个险种，其含义是指学生在学校活动中或由学校统一组织或安排的校外活动中，因学校的疏忽或过失造成学生的人身伤亡或财产损失的，学校依法应承担的经济赔偿责任转由保险公司进行赔偿。校方责任险与学生平安险(简称“学平险”)不同，后者由学生自愿投保，被保险人是学生，学生出现安全事故后可得到保险公司的赔偿；前者则由学校投保，被保险人是学校，当学校因疏忽或过失而须对外赔偿时，由保险公司代替学校进行赔偿。假设一名学生投保了“学平险”，学校也投保了校方责任险，该学生在学校上实验课时因教师操作不当而被化学溶液灼伤。此时，该学生既可以从“学平险”中获得赔偿，又可以从校方责任险中获得赔偿，两者各自独立、互不影响。如果学校没有投保校方责任险，学生在获得“学平险”的保险赔偿后起诉学校要求赔偿，那么学校只能自掏腰包进行赔偿。

园所或者园所举办者应按规定投保校方责任险，化解赔付压力，转移赔偿风险。需要注意的是，校方责任险的保险合同中一般都有赔偿限额的约定。比如，有的保险公司约定，每所学校每次事故最高赔偿限额为 450 万元，每名受伤害学生每年累计赔偿限额为 30 万元。超出限额的赔偿款，学校需要自行对学生进行赔偿。发生事故之后，学校应当及时通报保险公司，并根据其要求提供与事故赔偿有关的各种资料和证明材料，以便其定责定损。

思考与应用

1. 发生安全事故后，学前教育机构应当履行哪些救助义务？
2. 发生安全事故后，学前教育机构未妥当履行救助义务，会有什么后果？
3. 安全事故报告的意义是什么？
4. 简述如何判断学前教育机构对安全事故的法律责任。
5. 学前教育机构在幼儿安全问题上的“教育、管理职责”表现在哪些方面？
6. 简述安全事故赔偿纠纷的处理途径有哪些。
7. 什么是校方责任险？
8. 活动设计：有条件的学校和班级，以本主题“情境导入”部分的案例为素材，组织一次模拟法庭庭审活动。

专题小结

学前教育机构对入园、入托的幼儿负有教育、管理职责，应当防范安全事故的发生，保护幼儿的安全。

在日常工作中，学前教育机构应当设立学校安全工作领导小组，建立全员安全工作岗位责任制，加强物资设备的安全建设，建立、健全各个方面的安全管理制度，制定突发事件应急预案并定期开展演练，加强对幼儿的安全教育，定期进行安全检查和隐患整改，建立安全工作台账并妥善管理，有效防范安全事故的发生。

学前教育机构应当建立、健全食品安全管理制度、卫生保健和传染病防治制度、消防安全管理制度、校车安全管理制度，保护幼儿的安全和健康。

一旦发生幼儿伤害事故，学前教育机构应当及时救助、妥善处理，维护幼儿和园所的合法权益。

学习反思

....

....

....

....

....

....

....

....

专题七
学前教育相关法律责任

本专题将要学习与学前教育相关的法律责任，包括行政法律责任、民事法律责任、刑事法律责任。

行政法律责任是行政法律关系主体因违反行政法律规范所规定的义务而引起的依法必须承担的责任，责任主体包括作出行政行为的行政主体和受行政行为约束的相对人，其承担行政责任的方式各有不同。

民事法律责任是学前教育主体违反法律规定或当事人约定的义务而发生民事纠纷所应当承担的法律责任，幼儿伤害事故是学前教育领域最多见的一类民事法律纠纷。

刑事法律责任是行为人的行为触犯《刑法》、构成犯罪所应当承担的法律责任。承担刑事法律责任的行为人需要接受国家司法机关刑罚处罚。

学习目标

1. 了解行政法律责任的含义，掌握需要承担行政法律责任的情形。

2. 了解民事法律责任的承担情形，掌握幼儿伤害事故中学前教育机构的处置原则、处理程序以及纠纷解决方式。

3. 了解刑事法律责任的含义，掌握故意伤害罪、虐待罪等重要罪名的法律规定。

学习主题一 学前教育中的行政法律责任

学习笔记

视频：学前教育相关法律责任

情境导入

设立分园需依法①

8月，某幼儿园有16个教学班，教职员工70余人，但依然不能满足广大幼儿的入园需求。幼儿园董事会就扩大幼儿园规模的问题讨论了多次，但始终未能敲定具体方案。

为了满足广大幼儿的入园需求，幼儿园在园外租用了所在小区的部分办公用房，并将托班幼儿和小班幼儿全部安排在此就读。有家长对此表示不满，向区教育局举报该幼儿园擅设分园。小区的开发商提出与该幼儿园合作，称只要该幼儿园在小区内的配套场地上开设分园，该场地可以免费使用30年。幼儿园董事会决定利用这一机会重新规划幼儿园，并根据就读幼儿的分布情况，将幼儿园分立为××一幼、××二幼、××三幼。

由于该幼儿园将分解成三个独立的幼儿园，所以需对财务进行清算。然而，负责清算的两名财会人员根本不知从何入手。在做好基本的准备工作之后，新园于当年9月开始招生。但不久后幼儿园收到了区教育局的《教育行政处罚告知书》，称三所幼儿园未经注册登记就擅自对外招生，违反了相关规定，故拟对幼儿园处以停止招生、停止办园的行政处罚。

法律责任是指行为人由于违反了法律规定的义务而应承担的某种不利的法律后果。首先，法律责任以违反法律义务为前提，它是因违反法律义务而形成的法律后果。其次，法律责任的大小、范围、期限和性质是法律规范明确加以具体规定的，承担法律责任的最终依据是法律。最后，法律责任具有国家强制性，它以国家强制力作为后盾来保证其实现。

以引起法律责任的行为的性质为标准，可以将法律责任划分为行政法律责任、民事法律责任和刑事法律责任，它们分别是特定法律关系主体违反行政法律、民事法律和刑事法律而应承担的否定性的法律后果。教育法中并无纯粹的教育法律责任和制裁方式，根据违反教育法的不同情况，违法者可能会承担行政责任、民事责任或刑事责任，要受到行政、民事或刑事制裁。而追究违法者的法律责任，离不开行政处罚法、民法、刑法等法律和部分法规中关于法律责任和制裁方式的规定。②

① 周小虎、郎国东：《学前教育政策与法规》，129页，北京，中国人民大学出版社，2019。
② 程雁雷：《论教育法律责任的基本范畴》，载《东方法学》，2021(1)。

学习笔记

一、认识行政法律责任 >>>>>>>>>>>>>>>>>>>>>>>>>>>>>>>>>>>>>

行政法律责任(即行政责任)是指行政法律关系主体因违反行政法律规范所规定的义务而引起的依法必须承担的法律责任，即行政违法以及部分行政不当所引起的否定性的法律后果。[①] 定义中所说的行政法律关系主体包括拥有行政职权、负有行政管理义务的行政主体，即行政机关和其他实施行政行为的机构，也包括既接受行政机关提供的服务又需要按照行政行为履行义务的行政相对人，这里主要指受行政行为效力约束的自然人和法人等。

按照责任主体不同，行政责任可以分为行政主体承担的行政责任、公务员承担的行政责任、行政相对人承担的行政责任。在这里，我们主要讨论行政主体和学前教育机构(行政相对人)承担行政责任的方式。

(一)行政主体承担行政责任的方式

在行政法律关系中，因行政主体的违法或不恰当行为给学前教育机构造成财产或人身损害时，行政主体应当承担相应的行政责任，具体包括以下方式。

1. 通报批评

通报批评指由上级机关或检查机关以书面形式对行政主体进行公开批评，以名誉惩罚的方式，给行政主体以警示作用。根据教育部制定的《县域学前教育普及普惠督导评估办法》，国务院教育督导委员会办公室将对如期完成学前教育普及普惠督导评估目标的地区遴选典型经验宣传推广；对履行学前教育普及普惠工作职责不力、未如期完成督导评估目标的地区，采取约谈有关负责人、通报批评等方式予以问责。

2. 承认错误，赔礼道歉

行政主体的行为给学前教育机构或幼儿的合法权益造成损失的，由行政主体领导或负责人出面，以口头或书面的方式向学前教育机构或幼儿及其家长表达歉意。例如，陕西省山阳县一公办幼儿园发布通知称非公务员子女不得报名，引发网友和家长的广泛关注。山阳县教育局对于公办幼儿园只招在县直机关单位上班者子女问题回复称，已经深刻认识到此事的错误性，公开向广大网民、群众道歉。

3. 恢复名誉，消除影响

当行政主体的行为给学前教育机构的名誉造成损害时，行政主体以公开方式在适当的范围内进行补救。

4. 返还权益

因行政主体的行为使学前教育机构的权益受到损失时，行政主体以返还权益的方式承担责任。

5. 恢复原状

行政主体的违法或不当行为使学前教育机构原有财产状态受到损害的，由行政主体承担恢复原状的补救性行政责任。

6. 停止违法行为

学前教育机构对行政主体的违法行政行为提出异议时，若违法行为依然持续，

---

① 古力、余军：《行政法律责任的规范分析——兼论行政法学研究方法》，载《中国法学》，2004(5)。

学习笔记

主管机关有权责令行政主体停止违法行为。

7. 履行职务

针对行政主管部门不作为或者拖延履行职责的行为，学前教育机构可以提出申请，由法院或上级机关责令其履行职务。在“重庆市璧山区璧泉锦绣幼儿园与重庆市璧山区教育委员会不履行法定职责案”中，2018 年 2 月 13 日，璧泉锦绣幼儿园向璧山区教委寄送了《要求教委重新作出 2015—2016 年度璧泉锦绣幼儿园年检结果申请书》，请求璧山区教委对璧泉锦绣幼儿园 2015—2016 年度年检作出新的评定结果，并通过《璧山报》予以公示。璧山区教委于 2018 年 2 月 24 日收到了该申请，但并未予以答复。璧泉锦绣幼儿园不服，请求判决璧山区教委履行法定职责，限期作出 2015—2016 年度璧泉锦绣幼儿园年检结果，并通过《璧山报》予以公示。法院认为，璧泉锦绣幼儿园诉请璧山区教委履行法定职责的理由成立，责令璧山区教委于判决生效之日起 60 日内对璧泉锦绣幼儿园 2018 年 2 月的申请作出处理。

8. 撤销违法的行政行为

行政主体作出行政行为时存在主要证据不足，或适用法律法规错误，或违反法定程序，或超越职权，或滥用职权的，不管该行政行为已完成还是正在进行，都应当依法撤销。

9. 纠正不当的行政行为

行政主体在实施行政行为时有自由裁量权，但如果自由裁量作出的决定不适当，应当予以纠正。《民办教育促进法》第六十三条规定，县级以上人民政府教育行政部门、人力资源社会保障行政部门或者其他有关部门有已受理民办学校设立申请，逾期不予答复，违反国家有关规定收取民办学校费用，侵犯民办学校合法权益等行为，由上级机关责令其改正。

10. 行政赔偿或补偿

行政主体的违法行为给学前教育机构的财产造成损害时，由行政主体给予学前教育机构行政赔偿或补偿。在“株洲市石峰区大风车幼儿园诉株洲市石峰区人民政府行政征收案”中，幼儿园租赁的房屋被拆除后，幼儿园未获得补偿。法院认为，幼儿园虽不是案涉房屋的所有权人，但在租赁案涉房屋后，对案涉房屋有重大添附改造、装饰装修，且租用案涉房屋合法经营幼儿园多年。政府在对案涉房屋进行征收时，应履行对幼儿园的征收补偿职责，对幼儿园的装饰装修、添附改造的附属设施、搬迁、临时安置(停产停业)等损失进行补偿。

（二）学前教育机构承担行政责任的方式

在行政法律关系中，行为存在违法违规的学前教育机构应当承担相应的行政责任，具体包括以下方式。

1. 承认错误，赔礼道歉

学前教育机构的行为被确认违法，行政机关可以责令其向利害关系人承认错误，赔礼道歉。例如，郑州一幼儿园老师因幼儿午休时说笑，让其互打耳光。当事老师称幼儿在幼儿园不好好午休，自己管不住，没办法。该幼儿园负责人称“在管理和对老师的教育上，幼儿园有责任”，并鞠躬道歉，承诺对家长的要求会一一满足。

学习笔记

2. 接受行政处罚等制裁

根据《行政处罚法》《中华人民共和国行政许可法》《中华人民共和国行政强制法》等法律规定，行政处罚包括警告、罚款、没收违法所得、没收非法财物、责令停产停业、暂扣或者吊销许可证、暂扣或者吊销执照、行政拘留以及在法定期间禁止从事某种行为或者活动等。在"浙江省慈溪市周巷镇杭州湾中心幼儿园与慈溪市市场监督管理局等食品药品安全行政复议案"中，2016 年 9 月 7 日，浙江省慈溪市市场监督管理局对浙江省慈溪市周巷镇杭州湾中心幼儿园食堂进行现场检查，在食堂烹调间燃气灶旁的不锈钢操作台上发现若干调味料，其中一瓶已拆封使用的海天酱油鲜味生抽，生产日期为 2014 年 1 月 3 日，保质期为 24 个月，已过期，标识净含量 500 毫升，剩余含量 100 毫升。慈溪市市场监督管理局认为幼儿园使用过期产品的行为违反了《食品安全法》第三十四条第(三)项的规定，作出慈市监处〔2016〕830 号行政处罚决定书，对幼儿园处以罚款 5 万元。

《教育行政处罚暂行实施办法》第九条规定，教育行政处罚的种类包括："(一)警告；(二)罚款；(三)没收违法所得，没收违法颁发、印制的学历证书、学位证书及其他学业证书；(四)撤销违法举办的学校和其他教育机构；(五)取消颁发学历、学位和其他学业证书的资格；(六)撤销教师资格；(七)停考，停止申请认定资格；(八)责令停止招生；(九)吊销办学许可证；(十)法律、法规规定的其他教育行政处罚。"第十条规定："幼儿园在实施保育教学活动中具有下列情形之一的，由教育行政部门责令限期整顿，并视情节轻重给予停止招生、停止办园的处罚：(一)未经注册登记，擅自招收幼儿的；(二)园舍、设施不符合国家卫生标准、安全标准，妨害幼儿身体健康或威胁幼儿生命安全的；(三)教育内容和方法违背幼儿教育规律，损害幼儿身心健康的。"

3. 履行法定的义务

学前教育机构因怠于履行行政法律义务而构成违法的，行政机关可责令其履行法定的义务。《幼儿园收费管理暂行办法》规定，享受政府财政补助(包括政府购买服务、减免租金和税收、以奖代补、派驻公办教师、安排专项奖补资金、优惠划拨土地等)的民办幼儿园，可由当地人民政府有关部门以合同约定等方式确定最高收费标准，由民办幼儿园在最高标准范围内制定具体收费标准，报当地价格、教育、财政部门备案后执行。

二、学前教育中的行政法律责任 >>>>>>>>>>>>>>>>>>>>>>

结合教育领域中各类主体所承担的教育责任以及我国法律规范体系中关于教育责任的规定，可以将教育法律责任的承担主体大致划分为以下四种类型：(1)教育管理者，主要是指政府、教育行政主管部门以及其他对教育负有职责的行政部门，包括部门的负责人和直接责任人员；(2)教育机构及其相关人员，包括学校以及经教育主管机关批准或登记注册的非学历性教育机构、教育工作者(教师和教育职员)、受教育者(学生及其他教育机构的学员)；(3)家庭成员，主要是指父母或者其他法定监护人、被监护人等；(4)其他社会组织或个人。由于教育法律责任的承担主体具有多样性的特征，教育法律责任的追究主体和追究程序也必然具有多样性的特征。这表现在：司法机关主要针对教育领域中的行政违法行为追究行政

学习笔记

主体的教育行政责任，以及教育刑事责任和部分教育民事责任(可以通过教育法律关系主体协商解决，也可以通过行政机关追究)；行政机关则主要追究行政相对人的教育行政责任，以及通过行政裁决方式追究部分教育民事责任。①

根据《中华人民共和国学前教育法草案(征求意见稿)》“法律责任”一章的规定，学前教育中的法律责任包括政府责任、领导责任、建设责任、擅自举办责任、机构责任、逐利责任、人员责任、侵权责任等，其中有些属于行政法律责任。以往的学前教育政策与法规对法律责任的规定相对较少，且比较分散，该草案虽然还不是生效的法律，但从其对相关法律责任的规定中，可以窥测未来学前教育中的行政法律责任，以下仅做简单描述。

(一)政府责任

教育行政机关对学前教育工作有主办职责。国务院有关部门和地方各级人民政府违反相关法律规定，未履行学前教育管理和保障职责的，由国务院或者上级人民政府责令限期改正；情节严重的，对直接负责的主管人员和其他直接责任人员依法给予行政处分。

(二)领导责任

机构主管人员或其他直接负责人对机构合法运行负有重要责任，主管人员或负责人出现违法行为的，由上级人民政府或者有关部门根据职责分工责令限期改正；情节严重的，对直接负责的主管人员和其他直接责任人员依法给予行政处分。

机构主管人员或其他直接负责人需要承担行政责任的情况包括：(1)未按照规定制订、调整幼儿园布局规划的，未按规定规划居住区配套幼儿园的，将居住区配套幼儿园办成营利性民办幼儿园的；(2)未按规定划拨幼儿园建设用地的，幼儿园建设不符合国家规定的办园标准、选址要求和建设标准的；(3)未按照规定制定并落实公办幼儿园生均财政拨款标准或者生均公用经费标准、普惠性民办幼儿园补助标准的；(4)利用财政资金、国有资产、集体资产举办营利性幼儿园的，改变或者变相改变公办幼儿园性质的；(5)截留、挤占或挪用幼儿园经费的，向幼儿园非法收取或者摊派费用的。

(三)建设责任

居民住宅小区建设开发单位未按照规定建设、移交居住区配套幼儿园，或者改变居住区配套幼儿园性质和用途的，由县级以上地方人民政府责令限期改正；未按期完成整改的，列入失信企业名单。

(四)擅自举办责任

举办者举办学前教育机构，应当严格遵守法定条件及法定程序。擅自举办幼儿园的，由县级人民政府责令停止办学，并给予1万元以上20万元以下罚款；有违法所得的，没收违法所得。举办者5年内不得再次申请举办幼儿园。

(五)机构责任

幼儿园等学前教育机构对于机构运行过程中出现的违法违规行为，以机构名义承担责任，由县级以上地方人民政府有关主管部门责令限期改正；情节严重的，

① 程雁雷：《论教育法律责任的基本范畴》，载《东方法学》，2021(1)。

给予停止招生、吊销办学许可证的处罚；有违法所得的，没收违法所得，并可给予违法所得额 1 倍以上 5 倍以下的罚款。

幼儿园作为教育机构需要接受行政处罚的情形有：(1)因管理疏忽或者放任发生虐待、体罚或变相体罚、侮辱、猥亵等损害学前儿童身心健康的行为的；(2)开展违背学前儿童身心发展规律活动的；(3)未及时消除安全隐患，发生安全责任事故的；(4)未按规定配备教师和其他工作人员的，聘用不符合法律规定人员的；(5)违反国家和地方规定收取费用的，克扣、挪用伙食费的；(6)违规取得办学收益的；(7)提供虚假文件或信息、发布虚假招生简章或广告的；(8)违规开展小学学科内容及其他不符合学前儿童身心发展水平内容培训的。

（六）人员责任

幼儿园教师及其他工作人员应当遵守法律法规以及职业道德。幼儿园教职员工违法违规的，由主管部门视情节给予当事人及幼儿园负责人警告、通报批评；情节严重的，吊销其资格证书，终身不得从业。构成违反治安管理行为的，由公安机关依法给予治安管理处罚；构成犯罪的，依法追究刑事责任。

教职员工需要承担行政责任的情况包括：(1)体罚或变相体罚儿童的；(2)歧视、侮辱、虐待儿童的；(3)违反职业道德、职业要求或者以其他手段损害儿童身心健康，造成明显后果的；(4)不具有从业资质、未获得任职资格而担任教师职务的。

（七）侵权责任

学前教育机构存在侵权行为时，应当依照有关法律、行政法规的规定接受处罚；造成人身、财产损失或者其他损害的，依法承担民事责任；构成犯罪的，依法追究刑事责任。

学习笔记

思考与应用

1. 简述行政法律责任的含义。
2. 简述行政主体承担行政责任的方式。
3. 简述学前教育机构承担行政责任的方式。
4. 哪些情况下幼儿园作为教育机构需要接受行政处罚？
5. 哪些情况下机构主管人员或其他直接负责人需要承担行政责任？
6. 哪些情况下教职员工需要承担行政责任？

学习主题二
学前教育中的民事法律责任

学习笔记

情境导入

幼儿在就餐时被热饭烫伤

霍某在某幼儿园就读，6月2日中午就餐时，被该幼儿园老师端着的热饭烫伤。霍某受伤后被送往兰考县人民医院治疗2天，由于伤情严重，于6月4日转院至郑州市第一人民医院住院治疗44天。经诊断，霍某的伤情为中度烫伤。河南大学司法鉴定中心对霍某进行司法鉴定，鉴定意见为霍某面部烫伤，属十级伤残。后法院判决该幼儿园赔偿霍某的全部损失。

一、认识民事法律责任 >>>>>>>>>>>>>>>>>>>>>>>>>>>

（一）什么是民事责任

民事法律责任(即民事责任)是指当事人不履行民事义务所应承担的民法上的后果。① 我国《民法典》第一百七十六条规定：“民事主体依照法律规定或者按照当事人约定，履行民事义务，承担民事责任。”由此可知，民事责任是行为人违反民事义务而产生的不利的法律后果，我们可以将民事责任理解为确保行为人履行义务的一种保障形式。民事责任的产生主要源于两种情况：第一种，违反约定义务，即双方当事人通过协商确定需要履行的义务，而承担义务的一方当事人没有履行约定；第二种，违反法定义务，即当事人没有依据民法规定履行自己的法定义务。

（二）民事责任的分类

按照违反义务的性质，民事责任可分为违约责任和侵权责任；按照过错对于确定责任的影响，民事责任可分为过错责任、严格责任、公平责任；按照责任的承担形式，民事责任可分为按份责任、连带责任、不真正连带责任。

违约责任是指合同当事人违反了法律或合同所规定的义务而产生的责任。例如，幼儿入园时，幼儿园在协议中列明将开设特定的课程，然而在幼儿入园后幼儿园却并没有开设此课程，此时幼儿园即违反了合同约定义务。侵权责任是指行为人给他人的人身或财产造成损害，依据侵权责任法应当承担的责任。例如，幼儿教师对教具的错误操作导致幼儿在使用教具时受伤，由此产生了侵权责任。值得注意的是，违约责任和侵权责任并不是互相排斥的，两者常常同时存在于一个法律事实中，形成竞合。

过错责任是指在民事法律关系中，一方当事人违反义务给他人造成损害后，

① 王利明：《民法总则(第2版)》，381页，北京，中国人民大学出版社，2020。

学习笔记

根据其过错确定如何承担法律责任。严格责任是指除非存在法定的免责事由，否则不管行为人是否具有过错，都要承担法律责任。公平责任是指如果当事人对于发生的损害结果均没有过错，法院会根据公平原则在当事人之间进行合理的责任分配。在这组责任划分形式中，过错责任最常出现在与学前教育相关的民事法律关系中。例如，幼儿在园期间发生意外事故，造成人身伤害，此时幼儿园必须证明其对于阻止该意外事故的发生尽到了应尽的义务，不存在过错，否则就要承担法律责任。

按份责任是指两个以上当事人按照法律的规定或者合同的约定，各自承担一定份额的责任。[①] 连带责任是指当事人按照法律的规定或者合同的约定，连带地向权利人承担责任。[②] 在连带责任中，权利人有权请求部分或者全部连带责任人承担责任。例如，幼儿园与建筑商共谋，使用不符合安全标准的涂料粉刷教室内的墙壁，导致因涂料挥发有毒气体而造成幼儿人身伤害，此时幼儿既可以要求幼儿园或建筑商单独赔偿损失，也可以要求幼儿园与建筑商共同赔偿损失。

（三）承担民事责任的方式

我国《民法典》规定的承担民事责任的方式包括：停止侵害，排除妨害，消除危险，返还财产，恢复原状，修理、重作、更换，继续履行，赔偿损失，支付违约金，消除影响、恢复名誉，赔礼道歉。

停止侵害是指侵害人实施的侵害行为仍在继续损害受害人的人身或财产权益时，受害人可以请求法院责令侵害人停止侵害。例如，在“北京红黄蓝儿童教育科技发展有限公司诉澄城县红黄蓝幼儿园侵害商标权纠纷案”中，法院认为，原告依法享有“红黄蓝幼儿园”“红黄蓝”文字及注册商标专用权，且均在注册有效期内，故其享有的商标专用权应受法律的保护。被告作为民办非企业单位，虽经澄城县民政局、教育局审核发证开办民办学校，但其幼儿园的名称使用了原告享有专用权的注册商标“红黄蓝”，从而使消费者误认为其与原告存在直营或加盟的特定商业关系，不正当借助了原告案涉商标的市场声誉，对原告商标权益形成了不当损害，应当承担侵权的相应责任。法院判决被告澄城县红黄蓝幼儿园自本判决生效之日起立即停止侵害原告北京红黄蓝儿童教育科技发展有限公司的“红黄蓝幼儿园”“红黄蓝”注册商标专用权的行为，立即更改幼儿园名称，不得再使用带有“红黄蓝”字样的幼儿园名称，销毁、拆除带有与“红黄蓝”相同或相近字样的招生宣传资料、校园广告招牌等，禁止在提供服务或对外宣传时使用上述标志。

排除妨害是指侵害人的行为导致受害人的权利无法实现时，受害人有权请求排除妨害。例如，在“王晓凤诉铁岭县腰堡镇温馨幼儿园排除妨害纠纷案”中，原告住宅与幼儿园相邻，原告认为幼儿喧哗、吵闹影响了自己的休息，法院判决被告铁岭县腰堡镇温馨幼儿园于判决生效后在其经营的铁岭县腰堡镇大康新居 2 号楼一单元 202 室房屋采取有效隔音措施，将幼儿喧哗、吵闹对原告生活造成的影响减小到最低限度。

消除危险是指如果行为人的某种行为导致他人的合法权益受到威胁，他人有

---

① 王利明：《民法总则(第 2 版)》，386 页，北京，中国人民大学出版社，2020。
② 王利明：《民法总则(第 2 版)》，386 页，北京，中国人民大学出版社，2020。

学习笔记

权要求行为人采取措施消除危险。例如，幼儿园内的建筑不达标，部分区域存在建筑材料掉落的隐患，给幼儿的安全造成极大威胁。幼儿家长作为幼儿的法定代理人，有权向幼儿园提出消除危险。

返还财产是指当侵权人通过违反合同义务、侵权或不当得利等手段侵占了受害人的财产时，受害人有权请求法院责令侵权人返还相关财产。例如，幼儿园在没有法律法规以及章程作为依据的情况下向幼儿家长收取了不合理的学杂费，此时家长有权要求法院判令幼儿园返还收取的费用。

恢复原状是指财产被侵害人损坏后，在能够修复的情况下，财产的所有人有权要求侵害人将财产恢复至原有状态。例如，幼儿园隔壁单位施工，因工人操作不当使幼儿园的外墙遭到损害，幼儿园有权要求施工单位将外墙修复至原状。

修理、重作、更换中，修理是指行为人造成他人财产损毁或交付的标的物不合格，权利人有权要求行为人对财产进行修缮，以恢复原状或符合合同要求；重作是指行为人造成他人损害或者违反合同约定，权利人有权要求行为人按照原物予以重新制作；更换是指行为人造成他人财产损毁或交付的标的物不合格，权利人有权要求行为人另行交付同等质量、同等数量的标的物。① 例如，幼儿园与服装供应商签订合同，为幼儿制作制服，交付货物时发现很多衣服存在质量问题，无法使用，幼儿园有权要求服装供应商重新制作。

继续履行也称实际履行，是指在一方违反合同时，另一方有权要求其依据合同的约定继续履行。② 例如，某幼儿园与供应商约定，供应商每日向幼儿园提供新鲜牛奶，然而供应商后来拒绝提供，此时幼儿园有权要求供应商依据合同的约定继续履行。

赔偿损失是指行为人因违反合同或侵权行为而给他人造成损害的，应以其财产赔偿受害人所受的损害。③ 例如，某幼儿园因管理过失使幼儿遭受人身损害，法院判决该幼儿园赔偿受害人医疗费、护理费、误工费等损失。

支付违约金是指当事人事先通过协商确定在违反合同约定的情况发生时，违约一方除履行合同约定行为外需要额外支付的一部分费用。例如，某幼儿园租用他人场地举办活动，临近活动举办时，出租方拒绝提供场地，该幼儿园有权要求其返还租金并支付违约金。

消除影响、恢复名誉是指行为人侵害了他人的人格权时，应当在影响范围内消除其不良后果；给他人的名誉造成损害的，应当在影响范围内恢复受害人的名誉。

赔礼道歉是指在侵害人给他人的人身权造成损害的情况下，法院责令侵害人公开向受害人认错并表示歉意。在“陈某诉北京市昌平区某艺术幼儿园生命权、健康权、身体权纠纷案”中，陈某为某艺术幼儿园大班学生，关某某、陈某某为某艺术幼儿园教师。2015 年四五月，关某某、陈某某在管理幼儿期间，在教室、午休室以敲打、拖拽等方式对陈某进行体罚、殴打。幼儿教师作为幼儿成长过程中的第一任教育机构类教师，是幼儿健康成长的引领者，在日常教育教学管理中应当

① 王利明：《民法总则(第 2 版)》，390 页，北京，中国人民大学出版社，2020。
② 王利明：《民法总则(第 2 版)》，391 页，北京，中国人民大学出版社，2020。
③ 王利明：《民法总则(第 2 版)》，391 页，北京，中国人民大学出版社，2020。

学习笔记

对幼儿有爱心和耐心，采取正当的方式引导幼儿的行为，而非以体罚、殴打的方式进行强制教育。关于陈某要求判令某艺术幼儿园赔礼道歉，因关某某、陈某某的行为给陈某造成了伤害，法院认为某艺术幼儿园应当向陈某赔礼道歉。关于赔礼道歉的具体方式，陈某要求在北京市级媒体上进行公开赔礼道歉，但法院认为由某艺术幼儿园向陈某出具书面道歉声明为宜。

二、学前教育中的民事法律责任 >>>>>>>>>>>>>>>>>>>>>>>

在学前教育机构的运行过程中，机构、教职工或者其他人对机构内的幼儿、职工造成人身或财产损失的，或者其他主体侵害学前教育机构及师生合法权益的，应当依法承担民事责任。

（一）侵害学前教育机构师生人身权益

因学前教育机构或教职工的过错，侵害幼儿的生命权、健康权、身体权、隐私权、名誉权、肖像权、荣誉权等人身权益的，或者校外第三方侵害师生人身权益的，应当由侵权人承担相应的民事责任。

（二）侵占或者破坏学前教育机构的校舍、场地、教学设备等财产

学前教育机构的校舍、场地、教学设备，通常归国家、集体或个人所有，他人不得侵占或者破坏。侵占或者破坏幼儿园财物，扰乱正常保教秩序的，应当承担相应的民事责任。

（三）在学前教育机构周边区域设置有危险、有污染、影响采光的建筑和设施

幼儿在园期间，人员聚集，校舍周边如果存在危险因素，很可能成为安全事故的隐患。因此，学前教育机构的安全管理不应局限于园所内，对于周边区域的建筑和设施存在的危险因素也应当尽快予以排除。给园所或者师生造成损害的，侵权人应当承担相应的民事责任；造成重大安全事故的，相关责任人可能被追究刑事责任。

（四）对外往来中的民事责任

在日常运行中，学前教育机构可能与校外主体发生采购、装修、合作等对外经济或其他事务往来。其中任何一方因违约或侵权而给另一方造成损失的，应当承担相应的民事责任。

三、幼儿伤害事故的民事法律责任 >>>>>>>>>>>>>>>>>>>>>

幼儿伤害事故是学前教育机构中最常出现的事故，此类事故直接对幼儿的身体造成损害，结果通常具有复杂性和不确定性，也容易引发赔偿纠纷。

（一）学校应当承担责任的伤害事故

《学生伤害事故处理办法》第九条规定："因下列情形之一造成的学生伤害事故，学校应当依法承担相应的责任：(一)学校的校舍、场地、其他公共设施，以及学校提供给学生使用的学具、教育教学和生活设施、设备不符合国家规定的标准，或者有明显不安全因素的；(二)学校的安全保卫、消防、设施设备管理等安

学习笔记

全管理制度有明显疏漏，或者管理混乱，存在重大安全隐患，而未及时采取措施的；(三)学校向学生提供的药品、食品、饮用水等不符合国家或者行业的有关标准、要求的；(四)学校组织学生参加教育教学活动或者校外活动，未对学生进行相应的安全教育，并未在可预见的范围内采取必要的安全措施的；(五)学校知道教师或者其他工作人员患有不适宜担任教育教学工作的疾病，但未采取必要措施的；(六)学校违反有关规定，组织或者安排未成年学生从事不宜未成年人参加的劳动、体育运动或者其他活动的；(七)学生有特异体质或者特定疾病，不宜参加某种教育教学活动，学校知道或者应当知道，但未予以必要的注意的；(八)学生在校期间突发疾病或者受到伤害，学校发现，但未根据实际情况及时采取相应措施，导致不良后果加重的；(九)学校教师或者其他工作人员体罚或者变相体罚学生，或者在履行职责过程中违反工作要求、操作规程、职业道德或者其他有关规定的；(十)学校教师或者其他工作人员在负有组织、管理未成年学生的职责期间，发现学生行为具有危险性，但未进行必要的管理、告诫或者制止的；(十一)对未成年学生擅自离校等与学生人身安全直接相关的信息，学校发现或者知道，但未及时告知未成年学生的监护人，导致未成年学生因脱离监护人的保护而发生伤害的；(十二)学校有未依法履行职责的其他情形的。”第三十八条规定：“幼儿园发生的幼儿伤害事故，应当根据幼儿为完全无行为能力人的特点，参照本办法处理。”因此，上述学生伤害事故情形如果发生在学前教育机构中，园所应承担相应的民事法律责任。

(二)事故纠纷处理

根据《教育部等五部门关于完善安全事故处理机制 维护学校教育教学秩序的意见》，学校及各管理部门要依法处理学校安全事故纠纷。

首先，要健全学校安全事故纠纷协商机制。学校安全事故责任明确、各方无重大分歧或异议的，可以协商解决。协商解决纠纷应当坚持自愿、合法、平等的原则，尊重客观事实、注重人文关怀，文明、理性表达意见和诉求。学校应当指定、委托协商代表，或者由法治副校长、学校法律顾问等专业人员主持或参与协商。协商一般应在配置录音、录像、安保等条件的场所进行。受伤害者亲属人数较多的，应当推举代表进行协商，代表人数一般不超过 5 人并相对固定。双方经协商达成一致的，应当签署书面协议。推动学校建立专业化的安全事故处理委员会，统筹学校安全事故预防与处置。

其次，要建立学校安全事故纠纷调解制度。教育部门应当会同司法行政机关推进学校安全事故纠纷调解组织建设，聘任人大代表、政协委员、法治副校长、教育和法律工作者等具备相应专业知识或能力的人员参与调解。建立由教育、法律、医疗、保险、心理、社会工作等方面专业人员组成的专家咨询库，为调解工作提供支持和服务。市、县两级行政区域内可根据需要设立学校安全事故人民调解委员会，对学校难于自行协商或者协商不成的学校安全事故纠纷实现能调尽调。司法行政机关应当会同教育部门、人民法院加强对学校安全事故人民调解委员会的指导，帮助完善受理、调解、回访、反馈等各项工作制度，加强人民调解员队伍建设和业务培训，确保调解依法、规范、公正、有效进行。地方教育部门根据需要，可以直接组织行政调解。区域内的高等学校可以加强合作，联合建立学校

学习笔记

安全事故纠纷调处机制。

最后，要依法裁判学校安全事故侵权责任。人民法院对起诉的学校安全事故侵权赔偿案件应当及时立案受理，积极开展诉讼调解。对调解不成的，要按照《民法典》和相关法律法规，参照《学生伤害事故处理办法》等规章，明确划分责任，及时依法判决；对学校已经依法履行教育、管理职责，行为无过错的，应当依法判决学校不承担责任。诉讼调解、裁判过程中，要切实保护双方权利，杜绝片面加重学校赔偿责任的情形。最高人民法院通过发布指导性案例等方式，加强审判指导。人民法院在诉讼过程中应当加强法律宣传教育，并做好判后释疑工作。

在学生伤害事故损害赔偿中，要杜绝不顾法律原则的“花钱买平安”。在学校安全事故纠纷处理过程中，要坚守法律底线，根据事故客观事实和法律法规规定明确各方责任。责任认定前，学校不得赔钱息事宁人。学校经认定确有责任的，要积极主动地按标准依法确定赔偿金额，给予损害赔偿，不得推诿塞责、拖延不办。学校负责人或者直接管理者有责任的，学校主管部门应当依法依规及时处理、严肃问责。学校无责任的，要澄清事实、及时说明。任何组织和个人不得非法干涉纠纷处理。坚决避免超越法定责任边界，片面加重学校负担；坚决杜绝“大闹大赔”“小闹小赔”。原则上，公办中小学、幼儿园人身伤害事故纠纷涉及赔偿金额请求较大的，应当积极引导当事人通过人民调解等方式解决。各地可以根据实际，规定公办中小学、幼儿园协商赔偿的限额。

思考与应用

1. 何为民事责任？
2. 民事责任是如何产生的？
3. 简述民事责任的分类。
4. 民事责任有哪些承担方式？
5. 行为主体在哪些情况下需要承担民事责任？
6. 如何处理幼儿伤害事故？

学习主题三
学前教育中的刑事法律责任

情境导入

扎刺幼儿行为构成虐待被看护人罪

中国裁判文书网公布的判例显示，某市某区幼儿园三班教师王某、孙某某自 2015 年 11 月起至案发，在三班教室内、卫生间等地点多次恐吓班内幼儿，

学习笔记

并使用针状物等尖锐工具将肖某等多名幼儿的头部、面部、四肢、臀部、背部等处扎伤。经鉴定，幼儿体表皮肤损伤存在，其损伤特点符合具有尖端的客体扎刺所致。被告人王某、孙某某于2015年12月2日被公安机关口头传唤到案。法院认为被告人王某、孙某某身为幼儿教师，多次采用扎刺、恐吓等手段虐待被看护幼儿，情节恶劣。二被告人的行为均构成虐待被看护人罪，二人均被判处有期徒刑2年6个月。

一、认识刑事法律责任

刑事法律责任(即刑事责任)是指刑事法律规定的因行为人实施犯罪行为而产生的，由司法机关强制犯罪人承受的刑事惩罚或单纯否定性法律评价的负担。①刑事责任具有法定性，是刑事法律规定的一种负担。刑事责任是因行为人实施了犯罪而产生的，表现为犯罪人接受国家司法机关刑罚处罚。承担刑罚是犯罪人承担刑事法律责任的主要形式。

刑罚是刑事法律规定的由国家审判机关依法对犯罪人适用的限制或剥夺其某种权益的最严厉的强制性制裁方法，分为主刑和附加刑。主刑包括管制、拘役、有期徒刑、无期徒刑、死刑五种；附加刑又称从刑，是补充主刑适用的刑罚方法，包括罚金、剥夺政治权利和没收财产三种。

主刑中，管制是对犯罪分子依法实行社区矫正的刑罚方法；拘役是短期剥夺犯罪分子的自由，就近执行并实行劳动改造的刑罚方法，是介于管制与有期徒刑之间的一种轻刑；有期徒刑是剥夺犯罪分子一定时期的人身自由，强制其劳动并接受教育和改造的刑罚方法；无期徒刑是剥夺犯罪分子的终身自由，强制其劳动并接受教育和改造的刑罚方法；死刑是剥夺犯罪分子生命的刑罚方法，包括死刑立即执行和死刑缓期两年执行两种情况。②

附加刑中，罚金是判处犯罪分子向国家缴纳一定数额金钱的刑罚方法，剥夺政治权利是剥夺犯罪分子参加国家管理和政治活动权利的刑罚方法，没收财产是将犯罪分子个人所有财产的一部分或者全部强制无偿地收归国有的刑罚方法。③

二、学前教育中的刑事法律责任

学前教育机构教职工严重侵害幼儿合法权益，构成犯罪的，应当依法承担相应的刑事法律责任。

(一)教育设施重大安全事故罪

《刑法》第一百三十八条规定："明知校舍或者教育教学设施有危险，而不采取措施或者不及时报告，致使发生重大伤亡事故的，对直接责任人员，处三年以下有期徒刑或者拘役；后果特别严重的，处三年以上七年以下有期徒刑。"实践中，

① 高铭暄、马克昌：《刑法学(第9版)》，226页，北京，北京大学出版社，2019。
② 高铭暄、马克昌：《刑法学(第9版)》，227页，北京，北京大学出版社，2019。
③ 高铭暄、马克昌：《刑法学(第9版)》，236页，北京，北京大学出版社，2019。

学习笔记

因学前教育机构的场地、建筑、楼梯、灯光照明、校车等设施存在安全隐患，相关人员没有及时采取措施或者没有及时报告，而造成死亡1人以上或者重伤3人以上的重大伤亡后果的，负有安全职责的直接责任人员将可能构成教育设施重大安全事故罪，而被追究刑事责任。

例如，法院经审理查明，2002年6月2日，被告人高知先接管某市某幼儿园，负责全面工作；被告人乔永杰是该幼儿园雇用的司机。高知先明知该园用于接送幼儿的面包车车况差，油路不畅，急需检修，仍要求乔永杰驾驶该车接送幼儿。6月14日19时许，乔永杰驾驶该车送第一批幼儿回家途中，车辆出现故障，打不着火，无法将车上幼儿送回家，遂打电话将此事通知高知先。高知先与孟辉军骑摩托车赶到现场后，车辆仍未修好。由于时间较晚，高知先就到附近租了一辆车，将留置在故障车内的幼儿全部送走，要求乔永杰和孟辉军继续修车，修好后送园内其他幼儿。乔永杰和孟辉军对该车进行简单维修后，又开车回到幼儿园送第二批幼儿回家。途中因油路不畅，乔永杰让孟辉军用手扶着一塑料油壶，采取用油壶直接向该车汽化器供油的违规操作方法继续行驶。车行至中原区须水镇宋庄五队时，由于汽化器回火，引起汽车着火，将车上的3名幼儿当场烧死，孟辉军严重烧伤后经医治无效死亡，还有2名幼儿被烧成重伤，面包车被烧毁。高知先犯教育设施重大安全事故罪，被判处有期徒刑4年。

该案入选《最高人民法院公报》(2005年第1期)典型案例。在裁判摘要部分，法院特别指出：幼儿教育单位的负责人明知本单位接送幼儿的专用车辆有安全隐患，不符合行车要求，而不采取必要的检修措施，仍让他人使用该车接送幼儿，以致在车辆发生故障后，驾驶人员违规操作引起车辆失火，使被接送的幼儿多人伤亡，该负责人的行为构成《刑法》第一百三十八条规定的教育设施重大安全事故罪。

（二）过失致人死亡罪

《刑法》第二百三十三条规定："过失致人死亡的，处三年以上七年以下有期徒刑；情节较轻的，处三年以下有期徒刑。本法另有规定的，依照规定。"实践中，学前教育机构的教职工在从事幼儿的日常照看、管理和保护工作过程中，因为严重失职而导致发生幼儿死亡1人以上的重大伤亡事故的，将可能构成过失致人死亡罪而被追究刑事责任。

例如，2014年3月初，广东省英德市人民法院经审理查明，2013年9月11日早上，英德市某幼儿园教师黎某跟随司机邓某驾驶幼儿园的校车到接送点接学生。学生下车时，黎某没有核实上下车学生人数是否一致，也没有按规定上车检查学生是否已全部下车，而邓某停放车辆时也没有检查车上是否有遗漏学生就锁好车门离开，致使幼儿钟某被遗漏在校车内，直至下午3时许才被发现，120接报后到达现场，医生证实钟某已死亡。经司法鉴定，钟某双肺肺气肿、淤血、水肿改变，死后多脏器自溶改变，符合中暑死亡。法院认为，被告人黎某、邓某无视国家法律，因疏忽大意造成1人死亡，其行为已构成了过失致人死亡罪，分别判处有期徒刑3年6个月和有期徒刑3年。①

① 张昊、赵红波、钟莹莹：《广东校车闷死女童案宣判 老师司机均入狱》，载《南方都市报》，2014-03-06。

学习笔记

（三）故意伤害罪

《刑法》第二百三十四条规定，“故意伤害他人身体的，处三年以下有期徒刑、拘役或者管制。犯前款罪，致人重伤的，处三年以上十年以下有期徒刑；致人死亡或者以特别残忍手段致人重伤造成严重残疾的，处十年以上有期徒刑、无期徒刑或者死刑。本法另有规定的，依照规定”。实践中，学前教育机构教职工对幼儿实施体罚或变相体罚，导致幼儿受伤，情节严重的，可能构成故意伤害罪。

例如，河南省夏邑县人民检察院指控，2015 年 12 月 8 日上午 11 时许，被告人刘某某在罗庄镇某幼儿园教学时，将正在教室内打闹的幼儿付某摔倒在地，致其左胳膊肱骨骨折。经法医鉴定，付某的伤情为轻伤二级。案发后刘某某及幼儿园与付某家人达成调解，赔偿 161000 元，获得了被害人的谅解。公诉机关认为，被告人刘某某作为幼儿园教师，因所教孩子与他人打闹，将孩子摔伤，致一人轻伤二级，其行为触犯《刑法》第二百三十四条规定，应当以故意伤害罪追究其刑事责任。案发后刘某某赔偿被害人并取得了谅解，建议对其判处 1 年以下有期徒刑。法院以犯故意伤害罪，判处刘某某有期徒刑 1 年，缓刑 1 年 6 个月。

（四）虐待被看护人罪

根据《刑法》第二百六十条之一的规定，对未成年人、老年人、患病的人、残疾人等负有监护、看护职责的人虐待被监护、看护的人，情节恶劣的，处三年以下有期徒刑或者拘役。实践中，学前教育机构工作人员虐待幼儿，情节恶劣的，可能构成虐待被看护人罪。

例如，2017 年 11 月 22 日晚开始，数十名幼儿家长反映北京市某幼儿园小二班的幼儿遭遇老师扎针、喂不明白色药片，并提供孩子身上多个针眼的照片。2017 年 12 月 29 日，北京市朝阳区人民检察院经依法审查，对该园教师刘某以涉嫌虐待被看护人罪批准逮捕。2018 年 12 月 28 日上午，北京市朝阳区人民法院依法对被告人刘某虐待被看护人案公开宣判，以虐待被看护人罪一审判处刘某有期徒刑 1 年 6 个月，同时禁止其自刑罚执行完毕之日或者假释之日起 5 年内从事未成年人看护教育工作。

（五）强奸罪、猥亵儿童罪

《刑法》第二百三十六条规定：“以暴力、胁迫或者其他手段强奸妇女的，处三年以上十年以下有期徒刑。奸淫不满十四周岁的幼女的，以强奸论，从重处罚。强奸妇女、奸淫幼女，有下列情形之一的，处十年以上有期徒刑、无期徒刑或者死刑：(一)强奸妇女、奸淫幼女情节恶劣的；(二)强奸妇女、奸淫幼女多人的；(三)在公共场所当众强奸妇女、奸淫幼女的；(四)二人以上轮奸的；(五)奸淫不满十周岁的幼女或者造成幼女伤害的；(六)致使被害人重伤、死亡或者造成其他严重后果的。”第二百三十七条规定，“猥亵儿童的，处五年以下有期徒刑；有下列情形之一的，处五年以上有期徒刑：(一)猥亵儿童多人或者多次的；(二)聚众猥亵儿童的，或者在公共场所当众猥亵儿童，情节恶劣的；(三)造成儿童伤害或者其他严重后果的；(四)猥亵手段恶劣或者有其他恶劣情节的”。实践中，学前教育机构教职工强奸、猥亵幼儿的，可能构成强奸罪、猥亵儿童罪。

例如，湖北省武汉市武昌区人民法院一审查明，2013 年 9 月至 10 月期间，被告人赵某利用担任湖北省某幼儿园大一班行政老师的工作便利，趁哄幼儿午睡之机，躺在女幼童潘某、邹某等人的身边，先后多次对潘某、邹某实施猥亵。经告发，被告人赵某于 2013 年 10 月 18 日被公安机关查获归案。法院认为，被告人赵某侵犯公民人身权利，猥亵儿童，其行为已构成猥亵儿童罪。被告人赵某作为幼儿园教师，对入园幼儿负有教育、管理的特殊职责，其利用职务的便利以及幼儿的年幼无知，在公共场所猥亵女幼童，造成了恶劣的社会影响，应当从重处罚。依照《刑法》第二百三十七条及《最高人民法院、最高人民检察院、公安部、司法部关于依法惩治性侵害未成年人犯罪的意见》第二十三条、第二十五条第一项的规定，法院于 2014 年 5 月 19 日以犯猥亵儿童罪，判处赵某有期徒刑 5 年 6 个月。

学习笔记

思考与应用

1. 简述刑罚的含义及种类。
2. 学前教育活动中需要承担刑事法律责任的情形有哪些？
3. 请查阅《刑法》，列举学前教育阶段可能涉及的罪名，并尝试举例说明。

专题小结

行政法律责任(即行政责任)是指行政法律关系主体因违反行政法律规范所规定的义务而引起的依法必须承担的法律责任，即行政违法以及部分行政不当所引起的否定性的法律后果。

民事法律责任(即民事责任)是指当事人不履行民事义务所应承担的民法上的后果。

刑事法律责任(即刑事责任)是指刑事法律规定的因行为人实施犯罪行为而产生的，由司法机关强制犯罪人承受的刑事惩罚或单纯否定性法律评价的负担。

值得注意的是，对于同一违法行为，行为人承担的法律责任不一定是单一的，很多情况下会发生竞合。特别是在幼儿伤害事故中，在相对复杂的情况下，可能会出现两种或两种以上法律责任的竞合。

学习反思

综合云测试

亲爱的同学：

祝贺你顺利完成本门课程的学习！在这门课程的学习过程中，你一定收获颇丰。下面，请自我检测一下学习效果吧。如果你全会，那恭喜你！如果你未能全部答对，也没有关系，请从教材中找到相应的内容再复习一下吧。这里一共有 10 套测试题，每套题的答题时间为 120 分钟。现在开始你的自我检测之旅吧。

编号	扫描二维码答题	检测记录与改进计划
测试 1		
测试 2		
测试 3		
测试 4		
测试 5		
测试 6		

续表

编号	扫描二维码答题	检测记录与改进计划
测试 7		
测试 8		
测试 9		
测试 10		

参考文献

[1]黄人颂．学前教育学[M].2版．北京：人民教育出版社，2009.
[2]教育部全国教育普法领导小组办公室．教师普法学习读本[M].北京：教育科学出版社，2017.
[3]教育部中央教育科学研究所课题组．教师权益手册[M].北京：人民出版社，2007.
[4]雷思明.幼儿园安全策略50条[M].上海：华东师范大学出版社，2013.
[5]刘星．法理学导论：实践的思维演绎[M].修订本．北京：中国法制出版社，2016.
[6]申素平，等．从法制到法治：教育法治建设之路[M].上海：华东师范大学出版社，2018.
[7]舒国滢．法理学导论[M].3版．北京：北京大学出版社，2019.
[8]郑建成．学前教育学[M].上海：复旦大学出版社，2007.
[9]周小虎，郎国东．学前教育政策与法规[M].北京：中国人民大学出版社，2019.
[10]朱晓娟．教师权益维护法律实务与案例评析[M].长春：东北师范大学出版社，2011.